Contents 目錄

你或許會對直資、私立及國際小學感到疑惑，究竟是否如傳聞中般比官津小學好？師資優良、教學資源豐富、成功考入之後前景一片光明？其實直資、私立及國際小學最大特色是課程內容較為彈性，亦強調學生的自主學習能力。若想了解每間直資、私立及國際小學的特點，本書收錄了全港所有直資小學、私立小學和國際學校的詳細資料，堪稱全港最新最齊，相信可以幫助各位家長。

升小準備

直資小學

私立小學

國際學校（小學）

直資•私立•國際小學25/26完全手冊

出　　版：星島日報出版有限公司
編　　採：《星島日報》特刊組
美　　術：《星島日報》Creative Services Team
圖　　片：星島圖片庫及各學校提供
廣告部熱綫：3181 3000
地　　址：新界將軍澳工業邨駿昌街七號星島新聞集團大廈
印　　刷：JJ Printing Ltd.
出 版 日 期：二〇二四年五月

* 直資小學及私立小學介紹內容是參考教育局「小學概覽」網頁，以及《星島日報》特刊組於四月向全港小學發出的問卷調查。

* 所有資料以搜集資料時的基準，並已力求精準，讀者在選校時宜向各學校查詢詳情。

ISBN：978-962-348-547-0

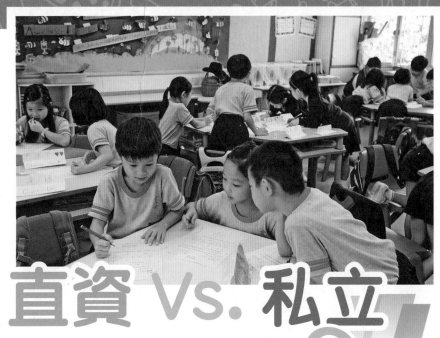

相信很多家長由幼稚園開始，已經不斷搜尋各式各樣的資料，以分析直資、私立或國際學校，比起傳統資助小學有何優勝之處，從而慎重選擇報讀心儀學校。惟根據《小學概覽2023》，現時全港合共有過百間直資、私立及國際學校，究竟家長應該如何選擇呢？有4個重點需要注意！

直資 Vs. 私立 應該如何選擇？

1 是否想一條龍升中？

當小朋友踏入一個全新的學習環境，須面對很多不確定因素，包括新課程、學習要求、新老師和同學等，對學生自理、自制和獨立能力的要求更高，小朋友還要適應從大哥哥、大姊姊變成小弟妹的身份轉變，必須多花時間和心機迎接挑戰。如子女入讀這類一條龍中小學，家長可較少擔憂子女上述升中適應，因為一條龍的中、小學，無論在課程銜接上，甚或學習環境上都可作較好的安排。

部份直資、私立小學雖然沒有接龍，但都有直屬或聯繫中學，在學位的分配上相對較多，惟家長須留意，子女未必一定能升上所屬中學，故需對心儀的小學多了解其升中的安排，再作衡量及準備。

2 考慮上學車程不宜太長

直資與私立小學的位置分佈全港，收生亦不須跟從統一派位般，要依據家長居住地區而報讀，亦即直資和私立小學均可全港收生。不過家長不宜選擇離家太遠的學校，因為一年級生只得五、六歲，如果每天花太多時間在交通上，不但太勞累，影響上課精神，亦會減少在家休息和學習的時間。

3 家庭經濟負擔能力

直資和私立小學資源較多，會舉辦不同興趣班，甚至到海外交流學習，課程較靈活，彈性亦較大。家長選校時，須清楚了解各校的特色，但需有心理準備在承擔學費的同時，還要預留課外活動、交流團、遊學團的費用。

此外，家長還要考慮日後學校發展所增加的學費開支。雖然教育局規定直資學校須以所收取學費的最少一成，用作獎助學金，故原則上，學生並不會因經濟問題而不能入讀直資小學；可是每所直資小學的資助額及計算方法均不相同，亦未必資助所有遊學或興趣班費用，所以家長報名前，宜先清楚了解各校的資助方法。

4 校本課程能否銜接

直資小學大多以本地課程再加入校本課程，而部份私立小學課程則可能全是校本課程，未必可與其他本地小學同步。有意讓子女入讀這類私小的家長，須考慮子女日後如果轉校，未必可與本地小學銜接，程度也不一樣。

此外，直資和私立小學的課程比較多樣性，特別是學科研習功課越高年級越多，內容亦愈來愈具考驗性，基本上家長必須和子女一起合作，因此家長亦需要考慮自己是否有足夠時間去輔助子女學習。

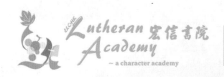 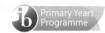 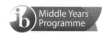 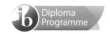

Year 1 Admissions 2025-2026
IB PYP Curriculum

Expanding Students' Global Perspectives through Inquiry

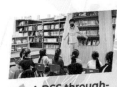
A DSS through-train IB school

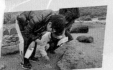
Glocalized & Inquiry-driven Curriculum

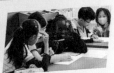
Global Education through International Connectedness

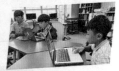
International Teaching Team

STEAM Education

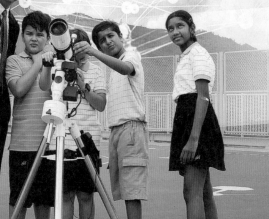

Online Application
2 July 2024 (Tuesday) to
9 September 2024 (Monday)

Admissions Seminar 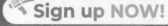 **Sign up NOW!**
26 June 2024 (Wed) at 6:00 pm / 24 Aug 2024 (Sat) at 10am

 luac.edu.hk   info@luac.edu.hk   820 820 92

🏠 25 Lam Hau Tsuen Road, Yuen Long, N.T. 新界元朗欖口村路25號

Sponsored by the Evangelical Lutheran Church of Hong Kong, the only DS through-train school situated in Yuen Long, HONG KONG, offering a 12-year "Glocalized" Curriculum

Registration Number
學校註冊編號：579530

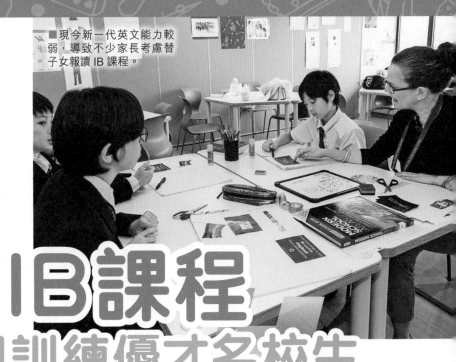

■ 現今新一代英文能力較弱，導致不少家長考慮替子女報讀 IB 課程。

為子女報讀直資、私立或國際小學，家長其中一大考慮必然是 IB 課程（International Baccalaureate）。IB 課程有「名牌大學踏腳石」之稱，愈來愈受歡迎，主要培養學生獨立思考、自主學習能力及終身探索精神。選讀 IB 課程，讓子女能有多元發展，將來更易銜接外國的名牌大學。

IB課程
專門訓練優才名校生

IB課程能夠培養學生的創造力、行動力、獨立思考能力及辯證性思維，使學生無論在行動上或思維上都更顯優勝。與香港傳統課程不同，學生不用背誦課文內容，上課多以活動教學為主。功課方面，以專題探討及研究為重點，鼓勵學生作多方面嘗試，以達致全人發展。學習過程中，老師會帶領學生自行發掘答案，從中誘發他們對學習產生興趣。幾乎所有英國大學都接受學生以IB文憑報讀，美國及加拿大數以千計的大學也視IB文憑為優良的入學資歷。因此部份家長會認為IB課程較一般香港課程容易讀、學生英語能力較好、修畢IB課程後有較大機會獲名牌大學錄取、學習有較大靈活性及子女能有更全面發展等。

課程簡介

IB課程由國際文憑組織（IBO）管理，課程適合三至十九歲學生修讀，分為小學課程（Primary Years Programme，簡稱PYP）、中學課程（Middle Years Programme，簡稱MYP）、大學預科課程（Diploma Programme）及職業相關證書課程（Career-related Programme）。現時全球已有逾四千所學校選擇教授IB課程。

國際文憑：小學課程(PYP)　　年齡：3-12歲
課程重點：注重學生的全人發展及探究精神，設「我們是誰」、「我們身處甚麼時空」、「共享地球」等六個跨學科主題，學生從中得到語言、藝術、科學、社會學、個人教育、社交教育和體育等各方面發展。

國際文憑：中學課程（MYP）　　年齡：11-16歲
設八個學科組別（包括：語言、語言文學、個人與社會、科學、數學、藝術、設計和體育及健康教育），學生須於最後一年完成個人探究報告。

國際文憑：中學課程（MYP）　　年齡：11-16歲
課程重點：注重學生的全面發展，學生除了須修讀六科、參與不同課外活動和公益服務，還要完成一份四千字的拓展論文（EE, Extended Essay）、知識論文（TOK, Theory of Knowledge）及創造、行動與服務（CAS, Creativity Action Service）。

國際文憑：職業先修課程（CP）　　年齡：16-19歲
課程重點：讓學生專注學習與職業相關的技術及知識。

本地學制與國際學校學制對照表

香港學制	年齡	國際學校班級	IB課程學習階段
幼稚園高班	5-6	第一班	
小學一年級	6-7	第二班	IB小學課程（PYP）
小學二年級	7-8	第三班	
小學三年級	8-9	第四班	
小學四年級	9-10	第五班	
小學五年級	10-11	第六班	
小學六年級	11-12	第七班	IB中學課程（MYP）
中學一年級	12-13	第八班	
中學二年級	13-14	第九班	
中學三年級	14-15	第十班	
中學四年級	15-16	第十一班	
中學五年級	16-17	第十二班	IB文憑課程（IB Diploma）
中學六年級	17-18	第十三班	

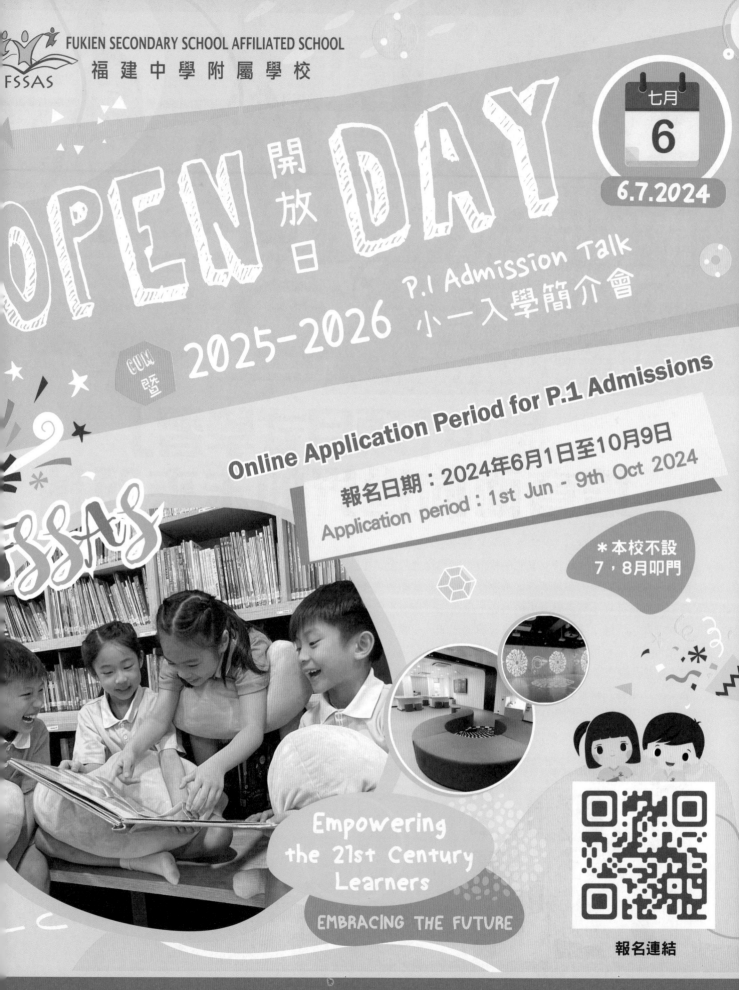

耀中國際學校（耀中）90多年來為本地及外籍學童提供一條龍教育，並提倡體驗式和專題研習，以培養學生成為擁有雙語能力、國際視野、創造和批判性思維，以及具競爭力的精英。學校的教育團隊深信，孩子與生俱來的好奇心和學習能力，以此理念為基礎建構出以學生為主導的學習理念，並提供適切的引導和支援，讓他們的學習興趣得以萌芽。

■耀中國際學校（耀中）作為非傳統教育學校，以「項目式學習」培育未來社會棟樑。

耀中「項目式學習」
培育面向世界的未來領袖

去年12月的開放日，六年級和七年級學生特別向參觀人士示範通過「項目式學習」模式，探索不同的社會和全球化議題，包括全球暖化和貧窮等，亦有一些較為有趣的經濟議題，如探討金錢多寡與購買力的關係。學生主動發掘不同的社會議題，透過不同的研究和搜集資料的方法，如問卷、研究報告、甚至利用人工智能程式協助訂立研究框架等，從而得出結論及發表學習成果。行政校長史麥田（Martin Scott）表示，「項目式學習」旨在培養學生理解當今複雜世界問題的能力，同時激發他們對這些社會問題的同理心。他指出當中有不少由學生主導的社區服務項目：「這正是我們通過「項目式學習」希望實現的目標：將學到的知識用於改善他人生活。」

課程薈萃多國教學理念
跨年級學習適應中學模式

高級課程主任Julia Kortt表示，耀中耀華教育網絡特設課程與專業發展部，並具備駐香港的課程發展團隊，薈萃英國、美國、新加坡、澳洲及中國內地的優秀教學理念。課程發展團隊設計耀中的校本課程，確保學校在香港以至全球提供優質教育。她說，香港耀中重視學生之間的關係，並在各年級的學習共同體（Learning Community）裡建立穩固的協作基礎。舉例而言，學校於本學年首次推行跨年級的「項目式學習」，橫跨小學（六年級）及中學（七年級）。

「我們希望讓準備升中學階段的六年級學生能藉此機會認識新朋友，及早適應中學新的學習模式，亦讓七年級學生發揮領導才能，帶領學弟學妹之餘，也能從他們的看法中互相學習。兩個年級的學生會按他們的興趣研究與聯合國可持續發展目標的議題，再分成不同跨年級小組。」她續稱，學生要自行在研究範圍內訂立題目，從而提升學生的各項技能，諸如研究、批判思考、分析、創造、解決問題以及協作能力。

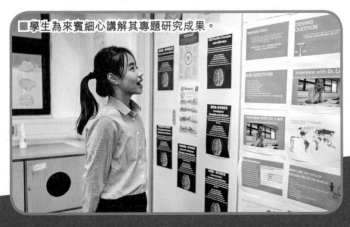

■學生為來賓細心講解其專題研究成果。

「項目式學習」激發學生學習動機
善用AI系統培養資訊素養

六、七年級學生Ted、Annie和Eunice以關注發展中國家的童工問題，作為「項目式學習」的題目。Ted表示，他們利用各種方法收集資料，再從中分析，不能單純的「搬字過紙」。老師鼓勵他們發問，學習反思。Annie指，「項目式學習」有助激發學生的學習興趣和動機，較單純通過課本學習更有趣。Eunice則形容，主動搜集資料，從而作出分析，當中累積的學習經驗更深刻。

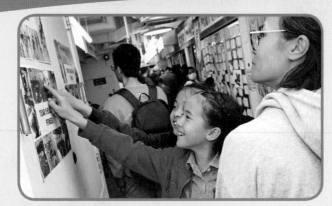

■「項目式學習」培養學生研究、批判思考、分析、創造、解決問題以及協作能力。

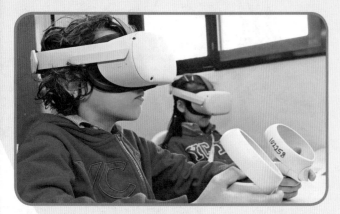

■耀中特設VR裝置提升學習體驗，增進學生對課題的認知。

近年，AI在研究領域相當流行，作為一個研究方法，Julia認為關鍵在於培養同學的資訊素養：「學校亦擁有自己的AI系統，我們不但會透過AI解答學生疑難，亦會讓他們了解有哪些問題可以透過AI解答，哪些問題無法透過AI獲得答案。同時，我們亦會教導學生MISO研究方法，並舉辦專家座談會，逐步讓他們掌握調查和研究的方法。」

家長擔任專家講者
家校合作教學相長

另外，學校亦會邀請家長作為其相應領域的專家講者，到學校為同學進行分享。兩個孩子都就讀於耀中的盧女士表示：「耀中作為一所非傳統教育的學校，沒有既定教科書，但家長仍然可以透過不同形式參與孩子的學習之中。來到耀中與同學們分享後，感覺到同學對學習非常雀躍，在分享過程中能夠提出一些非常深入的問題，而且很敢於互動，這是我特別欣慰的地方。而我作為家長也需從中思考，如何把我們的經驗知識以顯淺易懂有趣的方式向孩子傳達，這過程無疑是一種教學相長。」

她續說，耀中的教學方式可以幫助孩子培養世界公民意識，她的孩子回家後也能與她討論時事，而且能夠很有條理、邏輯地進行分析，她認為這種全球化視野，能夠在未來幫助孩子適應日新月異的社會，這亦是她期望他們能夠在耀中學到的東西。

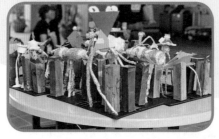

■學校鼓勵學生以不同方式表達，包括影片、動畫製作、模型、海報及遊戲創作等。

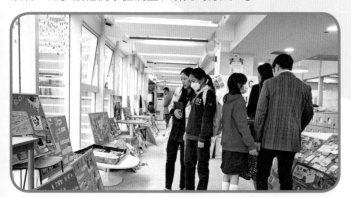

■耀中歡迎家長到校參觀學生的學習成果展覽，讓家長深入了解學校的教學理念。

香港耀中國際學校

地址：九龍塘多福道3號　電話：2338 7106　電郵：admissions@ycef.com

網址

Facebook

Instagram

wechat

Youtube

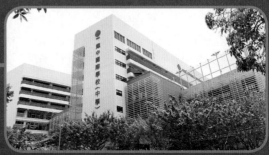

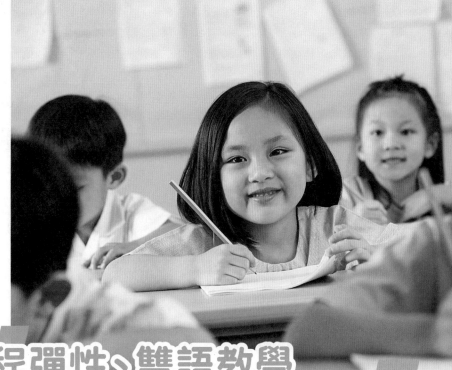

香港的直資小學深受家長歡迎，每年報名人數眾多，一位難求。究竟直資小學為何如此備受追捧？跟傳統小學又有何分別，甚至優勢？今次就讓星島求職廣場出版人及行政總裁兼資深教育博士陳筱芬，為大家拆解直資小學的特點，以及家長選取有關學校時之考慮要點。

課程彈性、雙語教學
直資小學優勢全拆解

星島求職廣場出版人及
行政總裁兼資深教育博士
陳筱芬

香港有不同類型的小學，如官立、資助、私立小學等，其中直資小學備受家長歡迎，部份著名熱門學校每年有近三千人報名，想子女順利入讀可謂要過五關斬六將。陳筱芬指，直資小學之所以如此多家長選擇，主要不離三大優勢：課程具彈性、英文水平佳、升學出路選擇多。要知道哪類型學生比較適合入讀直資小學，陳筱芬直言重點應該是按家長的口味而定。「始終選校的主導權在家長手中，我認為就應否選擇直資小學是較為貼切的說法，那視乎這類型學校是否切合家長期望，如家長是否計劃子女日後到海外升學等。」

至於剛才提到直資小學的三大優勢，陳筱芬就作出以下詳述：

優勢 1 課程彈性資源足

雖然政府有提供經費予直資小學，但這類學校同樣可以收取學費，獲得的額外資源可讓學校在師資及營運上更為自主，同時能優化學習環境，如建設更多元化的設施、聘請更多的教職員等，學生的課外活動自然較多姿多采，所拓闊的視野亦更為豐富。至於課程，在教育局的課程框架下，學校可透過校本課程，讓教學設計更具彈性及特色，學習模式亦因而比傳統學校更多元化。

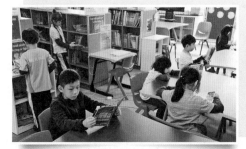

■直資小學資源較一般傳統學校多，於師資、設施上亦提升整體學習氣圍。

優勢 2 標榜英語教學

　　如子女無法被派到著名傳統小學，普遍家長都會擔心子女失去學習良好英文的優勢，加上香港許多傳統小學均以中文為主要授課語言，儘管學生的中文、數學根基或許會建立得較好，但直資小學所着重的雙語並行始終較能滿足家長期望；而且由於資源問題，學校可以自定授課語言，以及聘請優秀的老師，學生的英文水平自然有更好基礎。

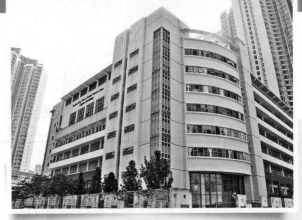

■陳筱芬指香港不少直資小學同時設有IB及DSE課程供選擇，真道書院為其中一所。

優勢 3 「一條龍」照顧 兼出路選擇多

　　部份直資為「一條龍」學校，可讓大部份學生直升中學部，減少升中壓力，同時又因為於銜接上處理得宜，課程設計、學生支援等都比較貼合在校生，讓學生更容易適應其中。而考慮到學生發展與未來升學路徑，許多直資小學會在中學時提供國際化課程，例如香港就有多間直資中學設有IAL、GCSE，以及同時提供IB及DSE課程的選擇，讓家長可以為子女安排不同升學出路，甚至給予學生負笈升學的方便，更見彈性。另外，多種課程選擇亦為想要透過Non-JUPAS入讀本地大學「神科」，以及專長不在中文科的學生帶來多一個升學門檻。

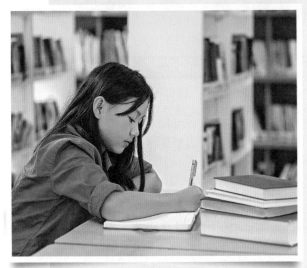

■家長鍾愛直資小學，不多不少是因為它們標榜以英語教學。

學習輕鬆不等於「易讀」

　　由於直資小學不受傳統限制，當中許多亦較傳統學校少功課，學生於學習上較為輕鬆，然而這不等於「易讀」。這類學校一般着重學生的探究精神及自主學習態度，倘若學生每每評測只求合格了事，當然尚無不可；只是如果學生或家長有一定要求，那麼所要投放的時間與心機也絕不能少，單是以功課為例，許多都沒有「滿分」準則，而需要學生，甚至家長一起參與，輔以創意特色、獨特思維來為功課「加持」，因此學生也非完全沒有壓力，而是因校（或因人）而異。故選定直資小學時，家長宜先了解學校特色、辦學宗旨與校風。

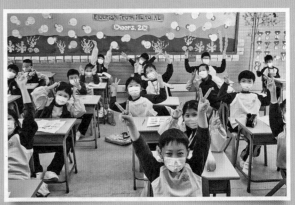

■要找到一間適合子女的直資小學，必須先了解學校的特色、辦學宗旨與校風。

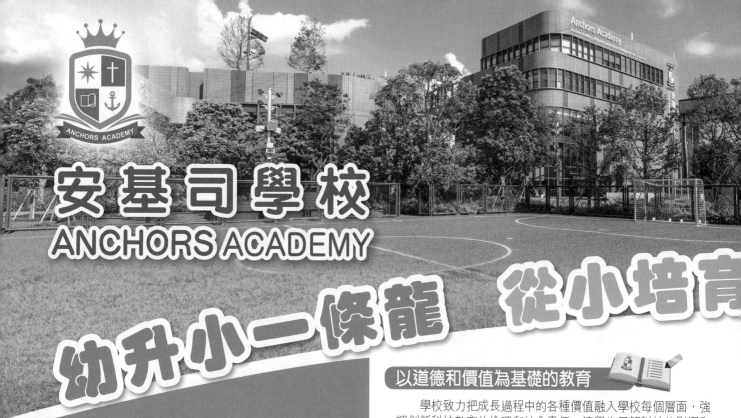

安基司學校
ANCHORS ACADEMY

幼升小一條龍 從小培育

以發展幼稚園直升小學一條龍教學為辦學目標的安基司（Anchors）教育，位於錦田河畔，於2023年9月開始啟用。校園佔地逾11萬平方呎的私立國際化小學及幼稚園，擁有8萬平方呎綠化園林區，教學主樓設有36個21世紀教室；大樓更設有創科教學中心、視覺藝術中心、舞蹈及表演藝術中心、多個音樂及樂器練習室、錄音室、科學實驗室及資訊科技中心，以配合發展創科教育，打造一個現代化「港版劍橋」校園。集團亦計劃籌辦採用國際預科文憑（IB）課程的中學部，以達至由幼稚園至完成中學的一條龍辦學目標。

以道德和價值為基礎的教育

學校致力把成長過程中的各種價值融入學校每個層面，強調創新科技教育的倫理和社會責任，讓學生了解科技的影響和潛在風險。通過討論倫理問題和社會責任，培養學生的倫理意識和社會責任感。堅守培育饒富同情心的未來主人翁，為香港社會以至世界積極作出貢獻。

* **A**ct with Integrity 操守正直
  Nurturing 關愛互助
  Communication and Confidence 溝通與自信
  Health and Happiness 健康與快樂
  Optimism and Opportunity 樂觀與機會
  Respect and Responsibility 尊重與責任
  Service to the Community 服務社區

融合國際及本地課程雙方優勢

安基司的課程以本地為主，但為了讓學生立足香港，與國家接軌及放眼世界，學校會非常重視語文訓練，除了採用『兩文三語』教學，所有學生都要多學一門外語，以打開另一道認識世界的大門。課程融合本地和國際各自的課程優勢，為學生提供六年的優質小學課程，培養出他們的好奇心、主動性、參與度、毅力和創意等各方面的均衡發展。在德育教育方面，同樣是安基司教育的重點，學校會向學生灌輸儒家的「孝悌」及「推己及人」的思想，和基督教的「愛人如己」的精神。

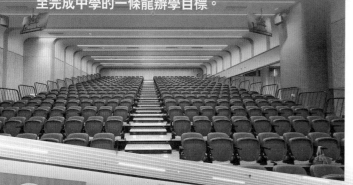

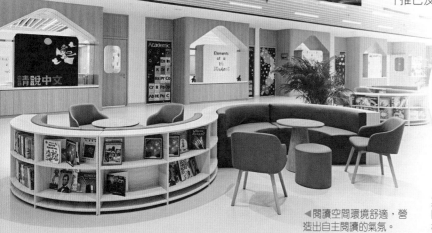

◀閱讀空間環境舒適，營造出自主閱讀的氣氛。

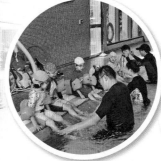

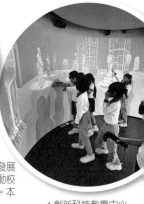

▲獨立室內游泳館：體育和運動是學生發展其中一個核心，學校鼓勵學生通過各運動校隊和興趣小組，發掘其獨特才能和興趣。本校由史丹福游泳學校提供習泳訓練。

▲創新科技教學中心

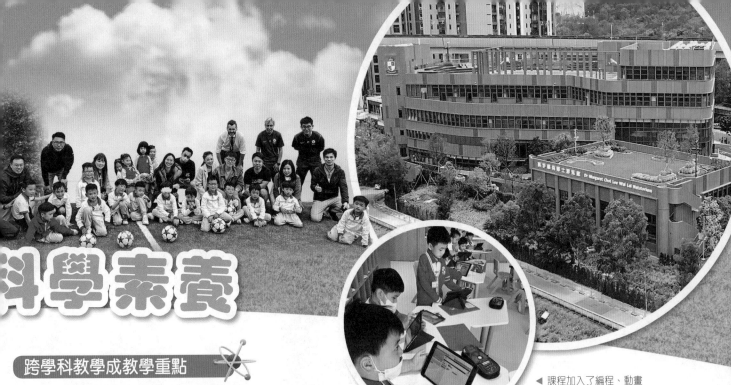

科學素養

跨學科教學成教學重點

安基司學校採用現代「四識教學法」，以中、英語文、資訊科技和STEAM為重點作跨學科教學。以英文為例，課程強調口語和寫作技考，鼓勵學生廣泛閱讀以擴大詞彙量，並建立對語法和語言運用的深刻理解。透過與英語為母語的教師作交流，讓學生沉浸於英語學習環境中，從而提升他們將來成為世界公民必備的自信心和溝通能力。

中文課程多元化，包括常規的本地課程、及以中文作為外語的課程，同時亦與內地夥伴學校進行沉浸學習的安排，目標確保所有學生精通中文，以好好裝備日後成長在香港和中國內地發展。

SAMR教學配合電子學習設施

在踏入人工智能的新時代，年輕新一代對學習資訊科技知識，以及創科學習需求更為殷切，因此課程已設計加入計算、電子系統和程式編寫等原理，盡早開拓編程、動畫、視頻和VR/AR等技術的視野。學校用以SAMR教學方法，配合電子學習的設施，進一步強化學生在資訊科技和電腦知識基礎，大大提升他們在課堂內外的創意，亦鼓勵學生作科研探索，加強創科學習元素，讓學生應對科技發展帶來的轉變和挑戰。

至於安基司教育主張推行的STEAM，在小學課程中亦融入在內，為學生提供探索和專題式的學習機會。學校已擁有現代化和資源豐富的STEAM專業教師團隊、一個擁有VR和AR技術的創新實驗室、電腦實驗室及高科技課室。目標通過STEAM教育，學生將具備二十一世紀必備的學習能力，在未來新世代保持優越的競爭力。

海外遊學、短途旅行和語言交流

作為課程的一部分，學校定期透過校外旅行、短途旅行及其他學習體驗，讓同學探索世界。這些活動有助擴闊學生視野，為他們帶來課堂以外的寶貴學習機會。從小學四年級開始，學校將建立起全球合作夥伴、姊妹學校及不同的海外學習機會(包括國內及海外)，進一步豐富學生的學習經歷。透過這些夥伴關係，學生將有機會參與語言和文化交流計劃，以及海外的體育和音樂體驗之旅，藉此提高語言能力，同時培養學生欣賞和尊重各地不同文化和生活方式。

◀ 課程加入了編程、動畫製作等教學內容。

收生詳情：(招生)

5月15日 至8月30日

- 2025/26 年度小一至小四入學
  招生日期: 5月15日(星期三) 至 8月30日 (星期五)
- 面試內容：
  所有申請人均有機會面試
  面試語言：英語及普通話
  面試形式：小組活動/家長個別面談
- 收生準則：
  1. 社交，溝通及自理能力
  2. 學習態度
  3. 語文程度
  4. 基本數學邏輯概念

線上申請

安基司學校 簡介

創校年份：2023年
學校類別：私立學校
校監：蔡李惠莉博士
校長：Mr. Thomas Moore
校訓：立志 博學 求敏
學制：全日
教學語言：英文（普通話）
電話：3860 5605
學校全年學費：2023-2024 $138,000 (分10期繳交)
全年建校費：$24,000
地址：新界元朗錦田北高埔徑1號
查詢：3860 5605
網頁：www.anchorsacademy.edu.hk
學校註冊編號：622079

校園介紹

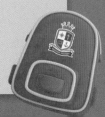

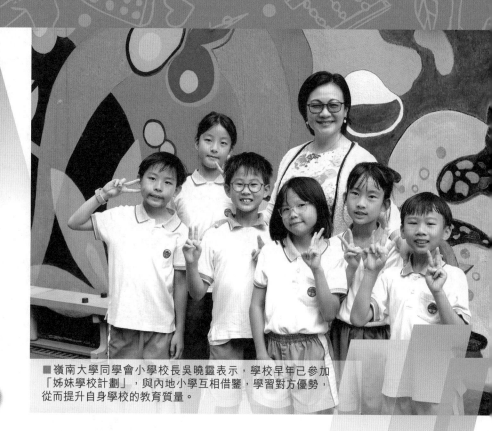

直資和私立小學其中一項優勢，就是上課時間較彈性，能夠積極舉辦海外遊學團，帶領學生到訪其他國家擴闊視野。而近年不少學校更增加到粵港澳大灣區作交流，讓學生體會內地的科技發展，深受家長歡迎，因而隨即成為許多家長報讀的考慮因素。

■嶺南大學同學會小學校長吳曉靈表示，學校早年已參加「姊妹學校計劃」，與內地小學互相借鑒，學習對方優勢，從而提升自身學校的教育質量。

小學積極培養學生世界觀視野
與大灣區交流熱衷海外遊學

從本地到世界
「姊妹學校計劃」締造學習共融

　　不少小學近年都展開內地「姊妹學校計劃」，為兩地學校和學生提供一個良好的交流平台，加深認識兩地文化，共同提升教育素質。自2004年開始至今，本港已有多所學校透過教育局的協調，與北京市、上海市、寧波市、廣東省、四川省、浙江省及福建省的學校締結為姊妹學校。像嶺南大學同學會小學便先後與北京市朝陽區實驗小學、河南省鄭州市上街區錢學森小學、鄭州市管城回族區騰飛路七里河小學及山東濱州市濱城區第四小學等內地小學合作，帶領老師和學生以遊學團模式到訪。

　　嶺南大學同學會小學校長吳曉靈表示，香港的教育體系以國際化和開放性著稱，而內地教育則在科技和創新方面取得了顯著成就，雙方可以在這些領域進行深入交流和合作，共同培養出更具國際視野和創新能力的學生，「通過學術交流、短期訪學、聯合研究項目等方式，兩地的教師和學生可以增進了解，拓寬視野，共同提高學術水平和專業技能。所以除了內地合作，我們也已經與不同國家的學校進行不同層面的交流，包括英國、新西蘭和愛沙尼亞等。」

　　在國家政策推動下，香港作為大灣區城市之一，需積極與國家融和，是故近年香港小學到訪內地的遊學交流團越辦越多，家長和學生報團的反應亦非常熱烈，而最終目標是讓香港學生親身見證中國在數碼科技、航天技術、電動汽車、大型基建等發展上的豐碩

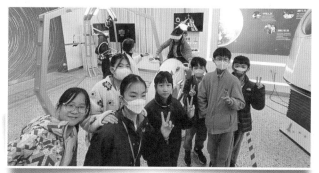

■內地的科技及創新取得顯著成就，像帶領學生參觀中國航天發展歷史可啟發他們對科研興趣。

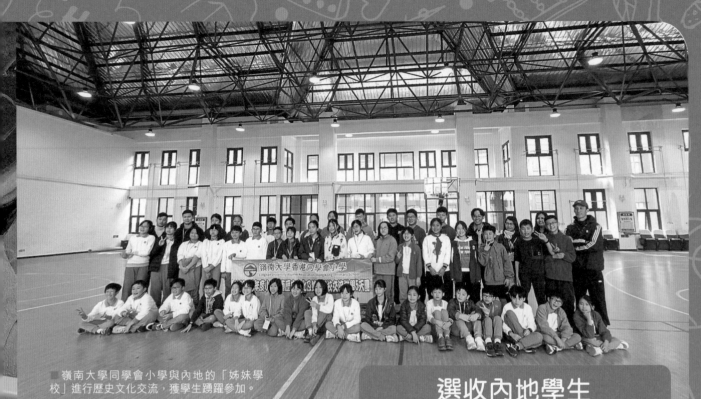

■ 嶺南大學同學會小學與內地的「姊妹學校」進行歷史文化交流，獲學生踴躍參加。

成果，也令學生能夠及早認識內地文化，如語言、生活習慣、科技應用等，對家長和學生規劃未來人生發展有重大幫助。

有教育機構調查發現，家長對學校舉辦遊學團十分正面和認同，希望學校帶領子女去不同國家體驗當地歷史文化。

家長認同遊學團成果
冀子女擴闊眼界加強溝通能力

有旅行社透露，現時學校遊學團的數量已接近回復疫情前的七成，日本、新加報、澳洲以至歐洲多國都是熱門目的地，學校和家長均希望學生可透過遊學團加強對世界的認知知識，同時可以學會獨立自主、關顧他人、增強與他人溝通合作和表達能力、提升面對困難時的解難能力及自信心。

有家長在網上分享表示，「本人為子女選校的其中一個重要因素，便是希望學校不要把小朋友變成讀書機器，所以我真的很高興看到現今的教學模式能走出書本、走出課室，讓小朋友能有更加開闊的眼光，能學以致用。要知道小朋友其實沒有很多機會親身和外國人溝通，由學校舉辦的遊學團卻可以由老師帶動下讓他們親身接觸外地文化，那是跟看電影、看電視、看書迥然不同的經歷。」身為家長，你又可會視遊學團為選校的因素呢？當然或許它並非主要因素，不過也可視作學校是否推動學生擁有世界觀視野，對子女的未來可帶來甚麼幫助。」

選收內地學生
助力港童未來融入國家

除了香港學生到訪內地交流，因近年香港歡迎內地專才來港發展，於是多了內地學生轉到香港就讀，他們一般選擇報考直資或私立小學，有空間可以讓子女慢慢適應香港教育模式。吳校長稱：「香港小學的教育質量在國際間享有良好聲譽，多元化的文化背景及國際視野，讓課程編制變得靈活有趣，除了學術課程，同樣注重於培養學生的創意思維、批判性思考和溝通能力。」她續稱，隨着香港與內地生活日越緊密，很多學校都會選收內地學生，像嶺南大學同學會小學便約有6名內地學生，與本地學生相處融洽，對本港學生他日融入大灣區亦有助力。

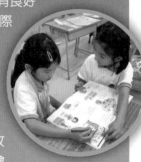

■ 香港和內地學生相處融洽，有助提升雙方的語言溝通能力。

為協助新來港兒童融入本地教育制度，教育局先後在1995年4月及2000年10月開始，為內地新來港兒童及新來港非華語兒童/回流兒童開辦「適應課程」，以提供學習支援。此外，還有全日制的「啟動課程」，同是為新來港兒童提供的另一種支援服務，目的以提高兒童的英語及中文水平，幫助他們適應香港社會和個人發展。詳情可登入教育局的支援內容查詢：www.edb.gov.hk。

直資小學概覽表

學校	地址	一條龍中學	直屬中學	聯繫中學	小一全年學費	教學規劃
香港浸會大學附屬學校王錦輝中小學	沙田石門安睦里6號	香港浸會大學附屬學校王錦輝中學	/	/	23/24年度 本地課程 $42,430 國際課程 $47,680 (分10期)	學校致力提供優質教育，而培育資優學生是體現照顧學生多樣性的校本安排。學校推動及持續優化校本資優教育三層架構，與註校教育心理學家及教師共同發展適切的資優課程，在不同學科加入高層次思維技巧、創造力和個人及社交能力三大資優元素。
地利亞(閩僑)英文小學	青衣長安邨第二期	/	/	/	23/24年度 $7,370 (分10期)	為建立學生能自主學習及學會學習，該校引入多元的課程規劃，藉預習、討論及分析等策略，進一步延伸及應用，讓所學建構生活，另配合STEAM學習，突破課堂框架，培育學生具資訊素養特質，善用運算思維，成為善與世界接軌的新一代。
和富慈善基金李宗德小學	天水圍天暉路9號	/	/	/	24/25年度 $17,600 (分10期)	1)從閱讀中學習延伸至跨學科閱讀；2) 加強發展STEAM教育及數碼素養；3) 推動跨學科學習；4) 提供多元全方位學習體驗；5) 加強價值教育；6) 支援學習差異。另進行全方位學習：設有各類樂器班、體育活動如網球、體操、跆拳道、啦啦隊等。
拔萃男書院附屬小學	旺角亞皆老街131號	拔萃男書院	/	/	24/25年度 $53,140 (分10期)	測考除了有評分外，教師還會給學生寫評語，讓學生知長補短。各科進行促進學習的多元評估活動，透過不同方法評估學習進展，如：專題研習、小組學習等。採用多元化及學生為中心的教學模式，着重全人發展及培養其語文能力、批判性思考、創造力等。
保良局林文燦英文小學	土瓜灣上鄉道24號及農圃道2號	/	/	/	23/24年度 $14,640 (分10期)	學生來自不同國家，中文科分流上課以照顧學生的學習需要，英文科一年級使用校本課程，二年級開始會用高一年級的教材。
保良局香港道教聯合會圓玄小學	屯門青山公路青海圍26號	/	/	/	23/24年度 $13,150 (分10期)	除中文科及多元智能及德育課的教學語言為普通話外，其他科為英語。該校採取分組式活動教學。大部份課節均有兩名教師；另每節英文課其中一名教師為外籍教師，加強英語學習。中英數有拔尖補底班，另有抽離式小班教學，照顧個別學習差異。
保良局陳守仁小學	油麻地海庭道6號	/	/	/	23/24年度 $20,500 (分10期)	主要以英語為教學語言，着重多元文化，擁濃厚英語學習環境。學生需學習英文、中文、普通話及第三語言(可選讀法語、西班牙語或日語)。學校重視藝術教育及學生體育的訓練，聘請專業導所訓練及指導學生發展學生各方面的潛能。另設跨科專題研習，提供多元學習經歷。
保良局陸慶濤小學	將軍澳寶林邨	保良局羅氏基金中學	/	/	23/24年度 $13,000 (分10期)	學校提供多元化的學習活動，例如戶外考察、海外遊學團，讓學生在真切的情境中學習。學校致力發展中小學銜接課程，為學生升讀該校一條龍中學(保良局羅氏基金中學)作好準備。
英華小學	深水埗英華街3號	英華書院	/	/	24/25年度 $18,000 (分10期)	網上、實體及野外教室互相配合；銜接中小學一條龍課程、課後拔尖班、跳級/跨班學習、小班政策，照顧學習差異課後學習班。
香港華人基督教聯會真道書院	將軍澳嶺光街5號	香港華人基督教聯會真道書院	/	/	23/24年度 $28,600 (分10期)	學校採用本地、英國及美國教材，糅合中西教育優點，不拘一格，因應教學需要而作校本調適，創立特色課程。

學校	地址	一條龍中學	直屬中學	聯繫中學	小一全年收費	教學規劃
培僑書院	大圍大圍新村路1號	培僑書院	/	/	23/24年度 $26,900 (分10期)	個別有特殊學習需要的學生獲評估調適;學校聘有專業人士,如教育心理學家、語言治療師、社工等;通過小組活動、個案輔導,作出支援。
基督教香港信義會宏信書院	元朗欖口村路25號	基督教香港信義會宏信書院	/	/	23/24年度 $80,870 (分10期)	就不同主題設計多元化的活動,訓練學生的說話、寫作及匯報技巧,模式與考試截然不同。老師除作基本指導外,亦鼓勵學生利用創新的方式完成作業,讓他們於不同範疇展現及發展潛能。
港大同學會小學	柴灣怡盛街9號	港大同學會書院	/	/	23/24年度 $33,950 (分10期)	為有需要學生增潤課程或調適評估,回應他們學習上的困難;有系統地辨識需要額外支援的學生。班主任與級統籌和輔導老師緊密聯繫,討論學生成長步伐。
聖保羅男女中學附屬小學	黃竹坑南風徑11號	聖保羅男女中學	/	/	23/24年度 $70,700	透過多元教學模式及各項活動,培養學生「思考、學習、溝通、創新、自律、樂觀、關愛、服務、健康」九項素質。採用協作教學和分組教學,照顧學生學習需要。
聖保羅書院小學	薄扶林域多利道777號	/	聖保羅書院	/	23/24年度 $30,000	致力為學生規劃優化且適切的學習課程,着重學生的全人發展。為引發學生的學習興趣及求知精神,學校日常課堂教學手法靈活多變,以遊戲、角色扮演、戲劇、故事、探究、討論、實驗,甚至外出參觀、考察等,配合不同能力學生的學習需要,提升學習效能。
聖瑪加利男女英文中小學	西九龍深旺道33號	聖瑪加利男女英文中小學	/	/	23/24年度 $53,570 (分10期)	推行英語正音計劃:小一至小四教授英語拼音;小一至小二淺嘗學習法語、德語、日語及西班牙語,小三起選修其中一種現代語言;設完善的資優教育計劃,擁有相應培訓的師資,按資優生的需要而安排課堂,貫徹推行拔尖補底政策;製作校本英語教材,照顧不同程度的學習需要。
漢華中學(小學部)	小西灣富欣道3號	漢華中學	/	/	23/24年度 $17,640 (分10期)	着重學生兩文三語,以英語及普通話為主要教學語言;利用校本全班式資優教育的元素,透過資優教學十五招、六式創意教學法及情意五層次提升學生的高階思維能力,利用適異性教學及腦科學教學課程照顧學生學習差異,以5E探究式教學法培養學生探究能力,亦利用跨學科主題教學及專題研習推行跨學科學習。
福建中學附屬學校	觀塘油塘邨第2期	福建中學(觀塘)	/	/	24/25年度 $38,800	重視學生的學習技巧,態度和興趣。一、二年級以兩位老師教授英、數、主題科目,三至六年級每位學生配備Surface Pro,透過推動電子學習提升學教成效。設有創科玩具閣、沉浸式學習實驗室、人工智能實驗室、教學研究室等設施。
播道書院	將軍澳至善街7號	播道書院	/	/	23/24年度 $22,500 (分10期)	學校以高分高能、說學自學為教與學之使命宣言,不但推行以學生為中心之教學,還致力建立說學文化,務求學生能觸類旁通,積極自學。
優才(楊殷有娣)書院	將軍澳嶺光街10號	優才(楊殷有娣)書院	/	/	23/24年度 $35,310 (分11期)	設有五層資優教育培訓架構;容許個別資優學生跳班;學進組統籌中、英、數三科的支援;努力小組協助成績稍遜學生。
嶺南大學香港同學會小學	深水埗白田白田街33號	/	/	/	23/24年度 $17,380 (分10期)	照顧學生學習的多樣性及提高學習效能;完善規劃電子學習以提升學生自主學習的能力;優化校本STEM課程,加強培養學生在科學、科技及數學的知識基礎,提升學生綜合與應用知識的能力;發展跨課程閱讀,跨學科學習周及專題研習,讓學生整理及應用知識,並進行創意解難的學習活動。

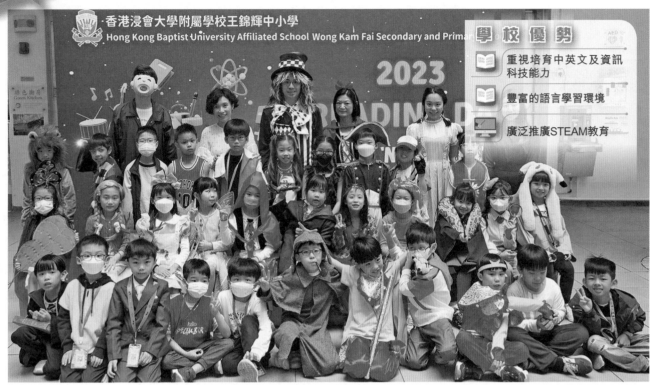

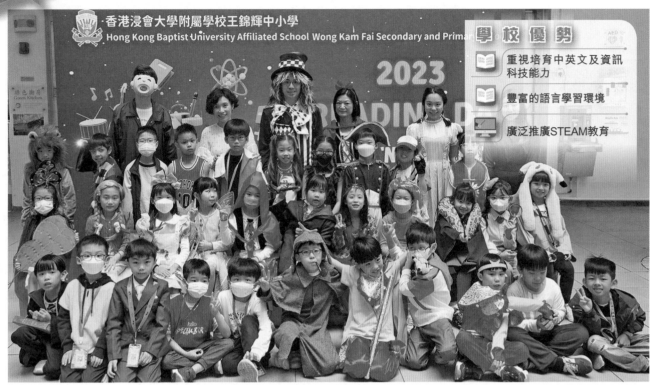香港浸會大學附屬學校王錦輝中小學
Hong Kong Baptist University Affiliated School Wong Kam Fai Secondary and Primary School

學校優勢

重視培育中英文及資訊科技能力

豐富的語言學習環境

廣泛推廣STEAM教育

香港浸會大學附屬學校王錦輝中小學

Hong Kong Baptist University Affiliated School
Wong Kam Fai Secondary and Primary School

結合中西文化 啟迪創意潛能

　　學校致力提供優質教育，而培育資優學生是體現照顧學生多樣性的校本安排。學校推動及持續優化校本資優教育三層架構，與駐校教育心理學家及教師共同發展適切的資優課程，在不同學科加入高層次思維技巧、創造力和個人及社交能力三大資優元素。亦運用本校一條龍的優勢，資優的同學可以到中學部參與課堂學習，而接受評估後合適的同學可以跳級或參加個別科目的加速課程。與此同時，學校會推薦同學參

與本地或海外的資優計劃。本校是香港資優學院的衛星中心及美國Johns Hopkins Center for Talented Youth的合作夥伴。而資優生的同學和家長亦都會安排參與情意發展方面的課堂，以照顧資優學生的學習和成長需要。

面 試 須 知

面試語言：粵語、國語、英語。
面試形式：首輪評審需呈交三分鐘面試短片及個人檔案。面試短片共兩部分：1.說故事或故事演講。2.才藝表演。次輪學生面試將於9月下旬進行，只適用於部分申請者。10月舉行的第三輪面試則會邀請家長與學生一同出席。
家長面見：個別面談。

面 試 貼 士

有自信、具自理能力、願意分享、積極參與、懂得與其他小朋友合作、喜歡閱讀。

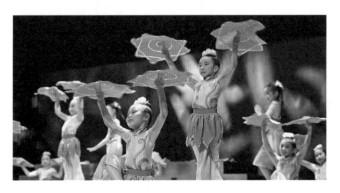

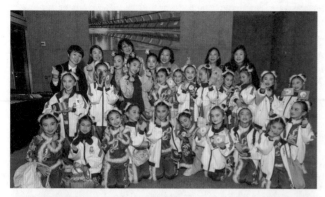
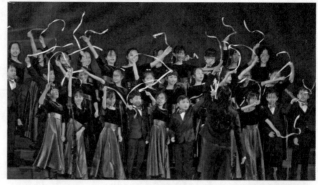
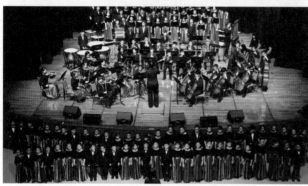
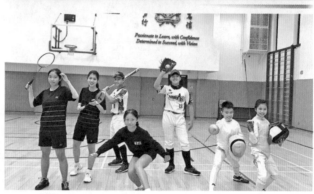

教師學歷及專業培訓
（佔全校教師人數%）

教育文憑 **79%**	碩士／博士或以上 **49%**	學士 **100%**	特殊教育培訓 **13%**

預計
25/26學年
小一學額（人）

165 人

學校資料

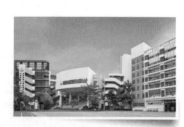

教學語言：英文
創校年份：2006年
學校類別：直資
校監／學校管理委員會主席：傅浩堅教授
學制：全日
總校長：陳偉佳博士
收生性別：男女
宗教：基督教
是否已成立法團校董會：不適用
電話：2637 2277
辦學團體：香港浸會大學
地址：沙田石門安睦里6號

校訓：敏求篤信 明辨力行
學校佔地面積：約12,000平方米
校車服務：有
一條龍中學：香港浸會大學附屬學校王錦輝中學
直屬中學：／
聯繫中學：／
家長教師會：有
舊生會／校友會：有
23/24小一全年學費：$42,430（分十期繳交）
最多學生入讀的三所中學：
香港浸會大學屬學校王錦輝中小學

學校網址

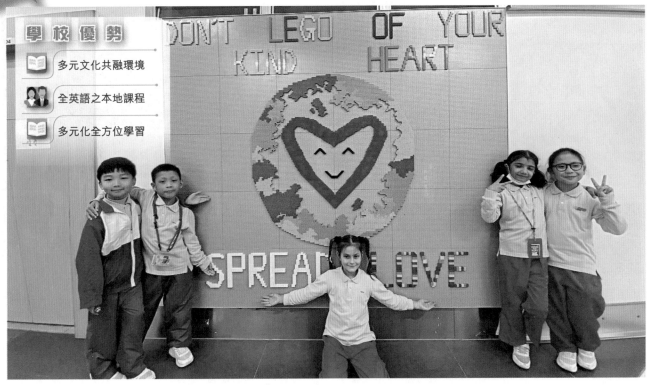

地利亞（閩僑）英文小學
Delia (Man Kiu) English Primary School

積極面對挑戰 建立正確品德

　　STEAM及正向教育乃本校重點發展之項目。藉「預習、討論及分析」等策略，培養學生自主學習，應有的資訊素養及善用運算思維。本校亦重視品德教育，透過成長課及身教注入正向的品德元素，讓學生在多元文化的校園內懂欣賞自己與別人，積極面對生活的挑戰。

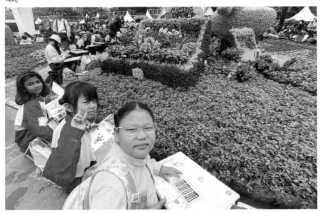

■花卉繪畫比賽

面 試 須 知

家長須親臨學校校務處提交申請表及所需文件副本並帶領正本作核對之用。所有申請人均獲安排面試。面試會以英語進行，內容包括與家長及學生面談，以及學生小組遊戲。收生準則將按過往學習表現、面試表現（英語、數理及社交）、家長支援作考慮。

面 試 貼 士

學生的禮貌、行為和自理能力為學校重視的一環。另外，培養閱讀習慣有助學生自主學習及培養良好品德。

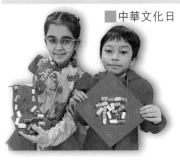

■中華文化日

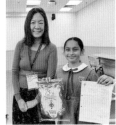

■英語獨誦冠軍

香港浸會大學附屬學校王錦輝中小學
**Hong Kong Baptist University Affiliated School
Wong Kam Fai Secondary and Primary School**

學校註冊編號：567353

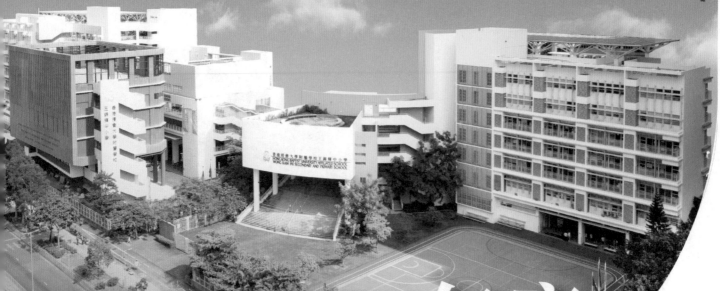

2025-2026年度
小一入學申請
rade 1 Admission 2025-2026

Application

eadline for Application: Friday, June 28, 2024

不另設報名日期，逾期恕不受理
Applications must be submitted by
the deadline. Late application will
not be considered.

助學金
olarship / Financial Assistance

設有助學金及獎學金，獲取錄學生均可申請，詳情可瀏覽本校網站
School has numerous scholarship and financial assistance schemes. Eligible students can apply for fee remission and other subsidies.
etails of scholarship and financial assistance, please visit our school website.

詳情請瀏覽本校網頁
Please refer to our school website
for details:
www.hkbuas.edu.hk

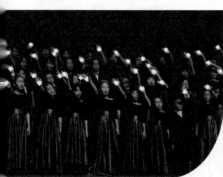
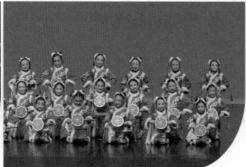
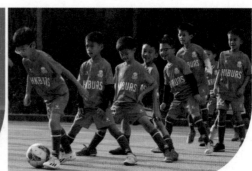

電話 Tel： 2636 7382 (入學事務處 Admissions)　2637 2277 (小學部 Primary Division)
傳真 Fax： 2637 2077
電郵 Email： psadmission@hkbuas.edu.hk
地址 Address： 新界沙田石門安睦里六號 6 On Muk Lane, Shek Mun, Shatin, N.T.

Website

本學年的特別活動/成就

學校設多元之體藝及全人發展活動，如板球、棍網球、手鐘、小結他、陶瓷、校園電視、無人機、幼童軍等。

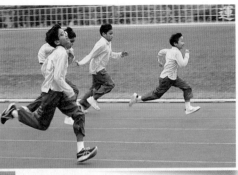
■爭分奪秒

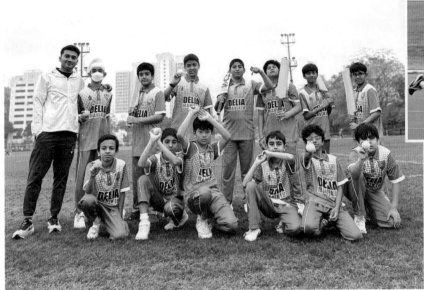
■男子板球隊

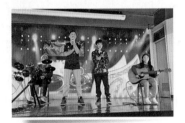
■校內才藝表演

教師學歷及專業培訓
（佔全校教師人數%）

教育文憑	碩士/博士或以上	學士	特殊教育培訓
82%	30.8%	100%	38.5%

預計
25/26學年
小一學額（人）
99人

學校資料

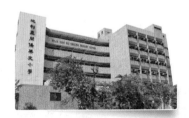

教學語言：英文
創校年份：2006年
學校類別：直資
校監/學校管理委員會主席：左筱霞
學制：全日
校長：張國威
收生性別：男女
宗教：不適用
是否已成立法團校董會：不適用
校訓：積極奮進 和而不同
辦學團體：地利亞多元文化教育基金有限公司

地址：青衣長安邨第二期
電話：2432 5123
學校佔地面積：約1,443平方米
校車服務：有
一條龍中學：/
直屬中學：/
聯繫中學：/
家長教師會：有
舊生會/校友會：無
23/24小一全年學費：$7,370

Facebook

Instagram

學校網址

嶺南大學香港同學會小學
「一即是全，全即是一」六年學習系統連繫

（資料由學校提供）

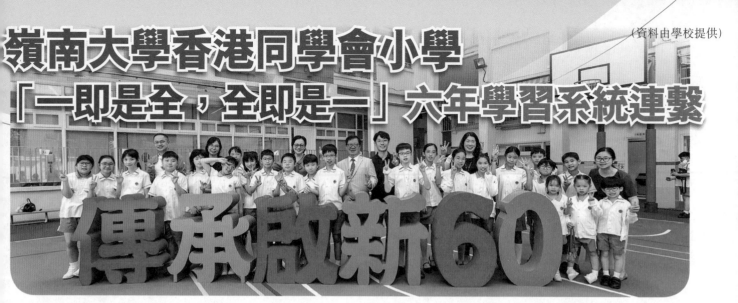

愉快學習發展潛能 成就自己服務他人

「讓每個學生閃耀」是嶺南大學香港同學會小學全體師長的的座右銘，以致學校在課程發展、多元活動、價值觀培育及家校合作關係均以此作主軸，希望學生由小一入學，到小六畢業，都能發掘自己的才能，能夠依仗學校所學、個人發展，步出校門，踏進社區，成就自己服務他人，實踐校訓——「作育英才，服務社會」。

愉快學習 全面照顧

學校六個年級均推行雙班主任制，目的是為學生及家長提供更佳的照顧。為使小一學生能夠更順利銜接小學的學習生活，小一除了雙班主任，亦有一位外籍老師任副班主任；另外，上學期取消總結性評估，減少學生的學習壓力之餘，能夠適應全新的學習環境；為使家長掌握教育子女的技巧，定期舉辦「家長學堂」讓家長間相互交流育兒心得，亦希望家長和學校多聚、多聊，成為「一家人」。

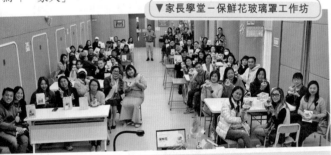
▼家長學堂－保鮮花玻璃罩工作坊

特色課程 多元評估

學校近年課程及評估革新。在課程方面，校長將IB理念引入學校課程，透過活動式學習，啟發學生熱愛生命，熱愛學習和勇於發問，動手做，將課題與生活連結；在評估方面，學校重視多元評估，教師擅於照顧學生多樣性，常運用傳統紙筆評估以外的形式進行進展性評估，多方面評估學生學習進程，為教師提供具體數據以備跟進學習及設計課程。另外，學校以科技載人的角度，透過電子學習軟件作為學、教、評工具，讓學生學習動機大大提升。為豐富學生學習經歷，學校全年各科均推行多元課程。去年以中國四大名著之一《三國演義》為主題，進行跨課程學習，今年則以《西遊記》為主題進行全方位

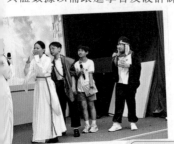
▲西遊取「聖」經

學習活動，透過中國文學經典，讓學生學習中華文化、美德，以及多學科知識與技能。

多元活動展潛能 軟件硬件增效能

學校透過八大智能編排課外活動，更適時留意新趨勢，發展新興課外活動，同時發掘及培育拔尖人才。此外，學校每年均設有生活營、境外交流團，讓學生建立團隊合作精神，亦拓闊學習經歷。

為迎合二十二世紀教育需求，學校除了在小五及小六年級推行「BYOD」計劃外，更為其他年級學生準備「一人一iPad」，同時全校課室配備電子白板，以及各科運用各種的電子學習軟件，使師生能在課堂及課後靈活運用，提升學習效能。

▶「一人一iPad」的上課情況

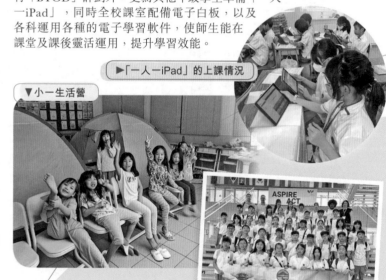
▼小一生活營

▶新加坡交流團

「一即是全，全即是一」

嶺南大學香港同學會小學重視學生每個學習歷程，同時在課程發展和多元活動等各方面都有妥善的規劃，並適時與時俱進推行革新優化，學生從一年級加入學校，完成六年的小學學習，達致全人發展。

嶺南大學香港同學會小學

地址：白田街三十三號　　　電話：2776 8453
電郵：info@luaaps.edu.hk　　網址：www.luaaps.edu.hk

圓玄小學是屯門區唯一直資英文小學，課程具靈活性，能因應學生的學習需要及教育新趨勢，設計校本課程。近年學校積極推行「啟發潛能教育」，透過人物、地方、政策、計劃及過程5Ps的互相配合，銳意創造一個關愛、尊重、信任及樂觀的學習環境，提供啟發學生潛能的學習機會，使學生在學術和體藝方面得以全面發展，成為終身學習者，盡展潛能。學校亦十分強調愉快學習，能善用學校每個角落，進行多元化的活動，務求令學生能享受學習的樂趣。學校也非常重視學生的品德教育，期望同學能明道立德，關愛他人，延展愛心、服務社群，成為富獨立思考及創新精神的明日領袖。

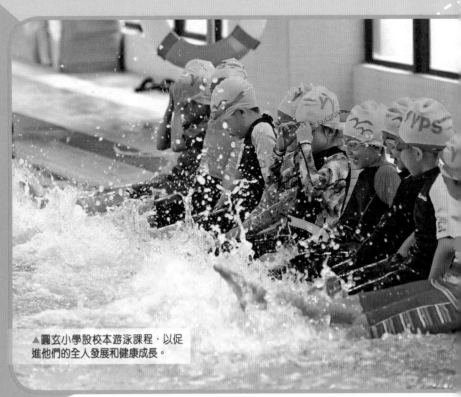
▲圓玄小學設校本游泳課程，以促進他們的全人發展和健康成長。

保良局香港道教聯合會圓玄小學
課程配合多元化學習活動
助學生展翅高飛 啟發潛能

締造優良的英語學習環境

圓玄小學除中文科以普通話教授外，其餘科目均以英語授課。十多位經驗豐富的外籍老師組成的強大英語教學團隊，按學生的能力，並參考了英、美等地的課程建構本校具特色的英文課程，為學校帶來國際性的學習氛圍及視野。課程採用主題式教學，並以跨學科模式進行相關主題的學習，令學生在過程中能探索世界各地的不同文化和傳統，增加學習樂趣之餘，更能提升學習的質量，培養學生的世界觀。此外，學校亦很注重培養學生的閱讀文化，鼓勵學生多閱讀、多寫作。學校每年均會出版一本名為Quilled Bluebird的書收錄學生的英文作品，展示學生的寫作才能。

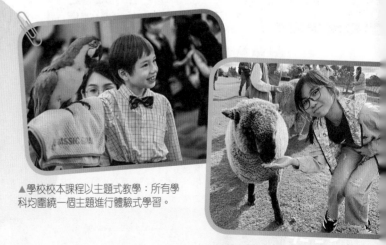
▲學校校本課程以主題式教學：所有學科均圍繞一個主題進行體驗式學習。

▲認識不同文化，提升學習樂趣。

締造音樂氛圍
助學生全人發展

　　音樂教育是培養學生全面發展不可或缺的，學校採用高大宜及奧福教學法、再揉合澳洲、愛爾蘭及英國的課程，自行編曲及選曲，創設校本課程。課堂上，除了教授音樂理論外，還着重培養學生的聆聽、小組合奏、創作與律動，發展學生的音樂感、節奏感及空間感，有助培養學生的獨立性、社交技能及動作靈敏性。學校更為學生提供不同的音樂課外活動，包括合唱團、交響樂團、音樂劇、聲樂和樂器班等。學校相信一個全面的音樂課程定能進一步提升學生的音樂潛能，體驗音樂的美感。這濃厚的音樂氛圍，孕育了不少音樂才華。今年圓玄小學的初小及高小合唱團在所有參賽項目均獲冠軍，更成為新界西冠軍及新界區的總冠軍，成績卓越，令人鼓舞。

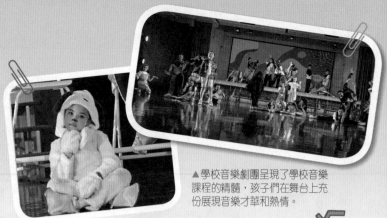

▲學校音樂劇團呈現了學校音樂課程的精髓，孩子們在舞台上充份展現音樂才華和熱情。

優化校園設施
提升學與教效能

　　圓玄小學致力優化教學設施，以滿足學生的需要。學校設有圖書館、音樂室、STEAM教室、視藝室、電腦室、操場及籃球場。而為了提升教學質素，學校於小四至小六推行「自攜裝置」計劃，充分發揮電子流動裝置於學與教的優勢。下年度全校所有課室均會安裝電子白板，以進一步提升學與教效能。學校最大特色是設有室內恆溫泳池，有利學校推動校本游泳課，學生足不出校便能接受有系統的泳術訓練，強身健體。而為了保障學生的安全，泳池設有普施達遇溺偵測系統，能顯示遇溺者的準確位置，通知救生員及時前往救援。

　　為了擴闊學生的國際視野，學校每年舉辦眾多海外交流活動，讓學生到當地家庭居住及學校上課，融入當地的文化及生活，藉此提升學生的自理、與人溝通及相處的能力。

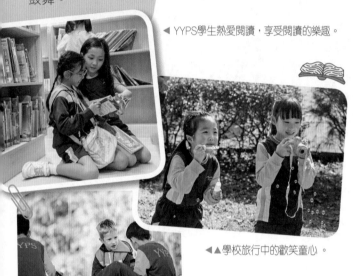

◀ YYPS學生熱愛閱讀，享受閱讀的樂趣。

◀▲學校旅行中的歡笑童心。

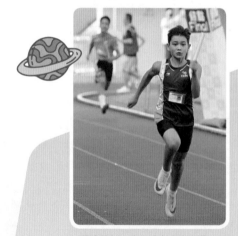

培養創新科技人才
迎接未來社會挑戰

　　圓玄小學十分重視培養學生創新科技能力，學校設有STEAM課室，並設3D雷射切割機、VR套件，microbit等，供學生進行實驗及創作。學校的STEAM課程有系統地教導學生綜合及應用相關學科知識，以解決日常生活的難題。來年，學校更會推展天文及航天課程，以培養學生的宇宙觀。此外，學校也積極鼓勵同學參加不同的STEAM比賽及活動，以擴闊眼界，提升他們的解難能力、批判性思維及創造力。

▲體育精英：學生體育成績彪炳，屢獲殊榮。

2025-26年度小一新生入學講座

日期：2024年7月13日
時間：下午2:30-4:00
模式：網上直播　▶掃描二維碼報名

保良局香港道教聯合會圓玄小學

地址：屯門青山公路青海圍26號
電話：2450 1588
電郵：info@yyps.edu.hk

Instagram

YYPS

facebook

（資料由學校提供）

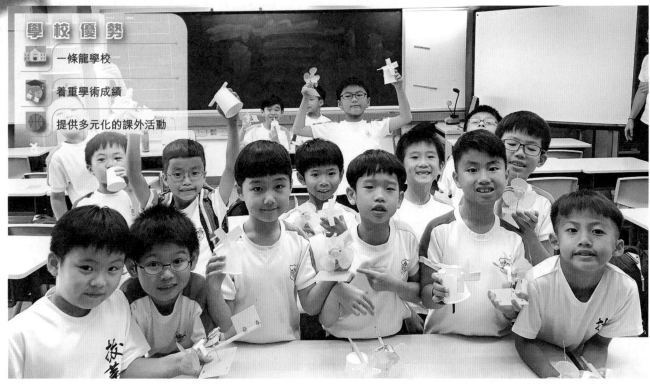

學校優勢

一條龍學校

着重學術成績

提供多元化的課外活動

拔萃男書院附屬小學
Diocesan Boys' School Primary Division

培育誠信領導者 貢獻社會

學校以遵循基督教教義,提供博雅、多元化的全人教育為辦學宗旨。以並致力為學生奠定良好的知識及技能基礎,能終身學習,面對未來各種挑戰,並使他們將來能貢獻社會及成為具誠信的領導者。同時採用多元化的教學模式,如活動教學、探究式學習、實地考察、境外遊學等。

「一條龍」的辦學模式能讓學生在同一個熟悉的學習環境下成長,也讓老師持續及有效地支援學生。教師可靈活使用學校設施,帶領學生走出課室,到走廊、天台、草坪等地方進行學習活動。除核心課程外,學生可修讀跨年級課程的選修科,如法語、天文學、理財、禮儀等。老師經常安排學生到戶外學習,包括海外學習交流,並採用專題研習形式進行跨學科學習,以加強學生對學科知識及技能的應用。

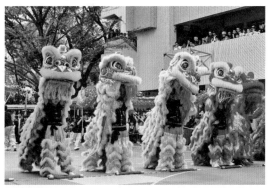

■開放日

面試須知
所有申請人均有面試機會
語言:廣東話及英語。
形式:小組。
家長面試:沒有。

面試貼士
家長可替考生選擇合適的面試語言。

本學年的特別活動/成就

◎ 本校於學校音樂節及學界體育比賽中屢獲殊榮，
成績斐然。

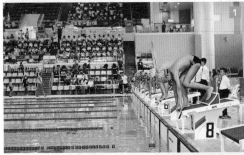
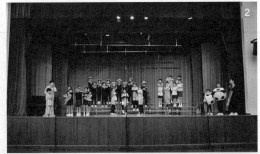
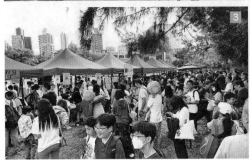
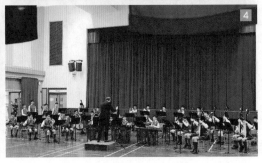

1 水運會
2 英語集誦隊
3 賣物會
4 中樂團

教師學歷及專業培訓
（佔全校教師人數%）

教育文憑	碩士/博士或以上	學士	特殊教育培訓
89%	55%	99%	9%

預計
25/26學年
小一學額（人）

150人

學校資料

教學語言：英語
創校年份：2004年
學校類別：直資
校監/學校管理委員會主席：謝子和主教
學制：全日
校長：何建儀
收生性別：男
宗教：基督教
是否已成立法團校董會：不適用
辦學團體：拔萃男書院校董會
地址：旺角亞皆老街131號

電話：3159 4200
學校佔地面積：約 10,977平方米
校車服務：有
一條龍中學：拔萃男書院
直屬中學：/
聯繫中學：/
家長教師會：有
舊生會/校友會：有
23/24小一全年學費：$53,140
華語及非華語學生比例：914:28
最多學生入讀的三所中學：拔萃男書院

學校網址

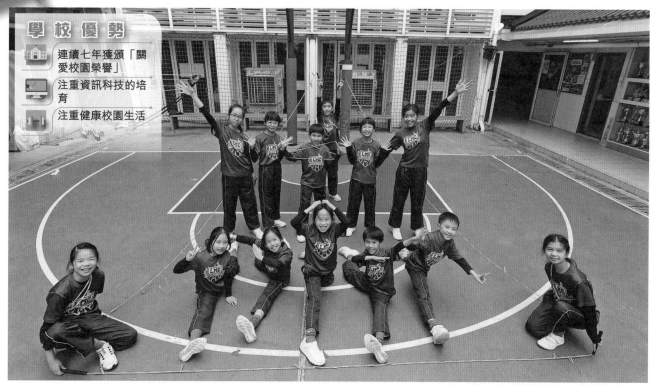

學校優勢

- 連續七年獲頒「關愛校園榮譽」
- 注重資訊科技的培育
- 注重健康校園生活

保良局林文燦英文小學
Po Leung Kuk Lam Man Chan English Primary School

關愛為本 全人教育

學校校訓「愛敬勤誠」為橫軸，以五育「德智體群美」為縱軸，以多元文化為側軸，貫徹「跳出框框、育出非凡；同一團隊、同一信念」的核心價值為辦學宗旨，並且致力為學生經營一個優質英語學習氛圍，培養學生高雅的品德情操及積極人生觀，成為以關愛為本的全人教育基地。

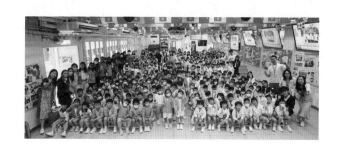

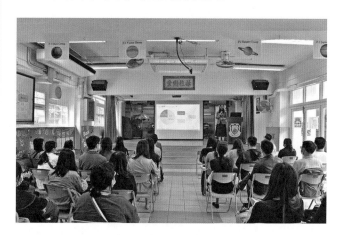

面試須知

面試語言：英語、國語。
面試形式：學術表現（英文科、中文科及數學科）、態度及創意能力、常識、社交能力。
家長面見：行政組老師與家長見面。

面試貼士

具備「林文燦人」的特質，願意傳承優良「林文燦人」精神。

全方位學習活動

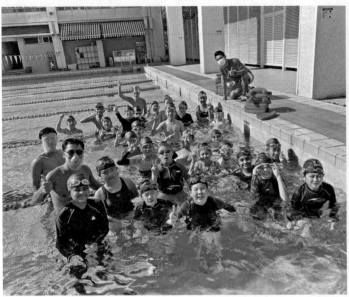
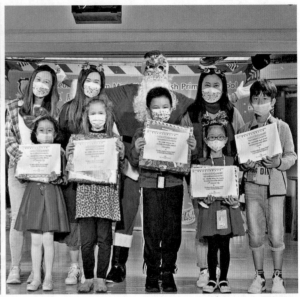

教師學歷及專業培訓
（佔全校教師人數%）

教育文憑	碩士/博士或以上	學士	特殊教育培訓
100%	47%	100%	21%

預計
25/26學年
小一學額（人）

沒有提供

學校資料

教學語言：英文
創校年份：2007年
學校類別：直資
校監/學校管理委員會主席：蔡李惠莉
學制：全日
校長：文詩詠
收生性別：男女
宗教：不適用
是否已成立法團校董會：是
校訓：愛敬勤誠
辦學團體：保良局

地址：土瓜灣上鄉道24號及農圃道2號
電話：2712 1270
學校佔地面積：約2,544平方米
校車服務：有
一條龍中學：/
直屬中學：/
聯繫中學：/
家長教師會：有
舊生會/校友會：有
23/24小一全年學費：$14,640（分10期）
教師學歷及專業培訓（佔全校教師人數%）

學校網址

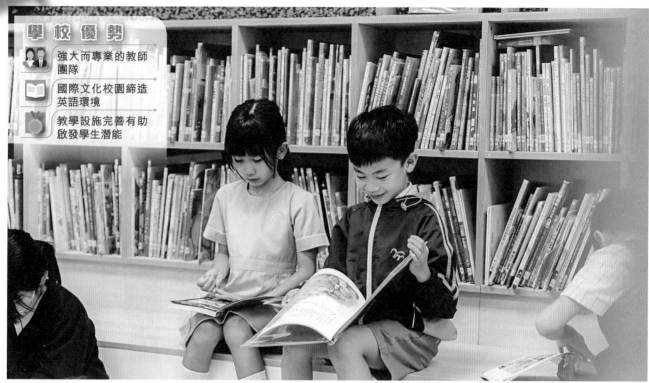

學校優勢

- 強大而專業的教師團隊
- 國際文化校園締造英語環境
- 教學設施完善有助啟發學生潛能

保良局香港道教聯合會圓玄小學
PLK HKTA Yuen Yuen Primary School

啟發學生潛能 營造正向幸福校園

　　圓玄小學一直致力培養廿一世紀人才，不僅重視學生的學術成就，更重視培養學生兩文三語的溝通能力。學校提供多元化的課程及學習經歷，以啟發學生潛能，培養學生良好品格，以達致全人發展。面對教育新趨勢，學校致力推動BYOD和STEAM教育，以培養學生自主學習和創造力。此外，學校也十分重視家校合作，致力營造正向幸福校園，讓學生能於愛與關懷中茁壯成長。

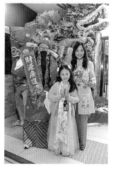

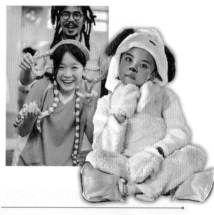

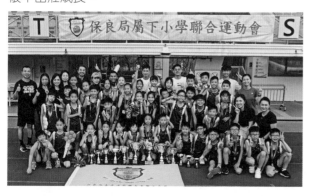

面試須知

語言：粵語、國語、英語。
形式：問答及遊戲。
家長面見：有（於第二輪面試設家長面見，以問答形式進行）。

面試貼士

學校着重閱讀，家長宜多與子女閱讀圖書，提高閱讀能力。

本學年的特別活動/成就

◎ 活動：每年於不同節日均會進行學習活動，如萬聖節、聖誕聯歡會、中華文化日、世界閱讀日、親子遊戲日及綜藝晚會等

◎ 國際交流活動：澳洲、紐西蘭、德國、新加坡及廣州遊學團

◎ 屯門區小學校際田徑比賽：
男女子乙組及女子丙組團體：冠軍

◎ 保良局屬下小學聯校運動會：
男甲、男、女子乙組及女子丙組團體冠軍、全場總冠軍

◎ 屯門區小學校際游泳比賽：
男子甲、乙、丙組及女子甲、乙組團體冠軍

◎ 保良局屬下小學聯校水運會：
男甲、丙組及女子甲、乙組團體冠軍、全場總冠軍

◎ 第75屆香港學校朗誦節：高年級、中年級英詩集誦：冠軍

◎ 低年級普通話集誦：冠軍

◎ 第76屆校際音樂節：初級組及高級組均獲新界西冠軍，並奪得新界區小學合唱總冠軍

◎ 舞蹈世界盃香港區區外圍賽2024：
雜技舞蹈獲金獎及第一名、民族舞及土風舞獲金獎

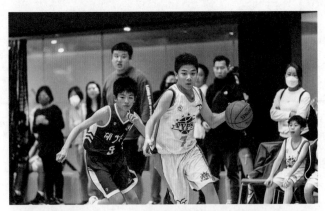

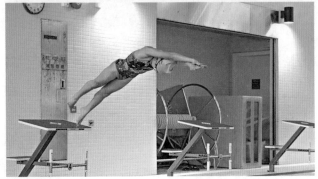

教師學歷及專業培訓
（佔全校教師人數%）

教育文憑	碩士/博士或以上	學士	特殊教育培訓
80%	30%	100%	10%

預計
25/26學年
小一學額（人）

132 人

學校資料

教學語言：英文
創校年份：2005年
學校類別：直資
校監/學校管理委員會主席：何志豪
學制：全日
校長：鍾美珍
收生性別：男女
宗教：不適用
是否已成立法團校董會：是
校訓：愛敬勤誠、明道立德
辦學團體：保良局及香港道教聯合會

地址：屯門青海圍26號
電話：2450 1588
學校佔地面積：約3,500平方米
校車服務：有
一條龍中學：/
直屬中學：/
聯繫中學：/
家長教師會：有
舊生會/校友會：無
23/24小一全年學費：$13,150
華語及非華語學生比例：約6至8%

Youtube

Instagram

Facebook

學校網址

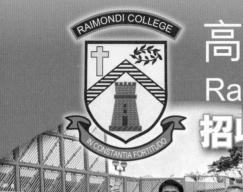

高主教書院小學部
Raimondi College Primary Section
招收2025-2026年度小一新生

學校種類：私立全日制
辦學團體：天主教香港教區
學額：160男女生

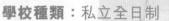
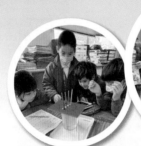
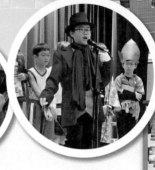
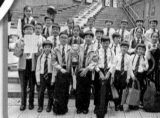

學校辦學特色：

1. 學校按照天主教五大核心價值「真理、義德、愛德、家庭、生命」作為辦學目標。
2. 本校校訓「堅毅力行」，並以全人教育為辦學宗旨。
3. 小學部直屬高主教書院，中小關係密切。
4. 重視學生兩文三語發展，提升學生的學習信心及溝通技巧。
5. 發揮學生多元智能，鼓勵學生在音樂、運動、視覺藝術項目多樣性發展。
6. 引導學生發揮創意及批判性思考。
7. 着重培育學生正向積極價值觀。

教學概況：

　　學校注重高階思維學習，於各學科滲入不同思維訓練模式，讓學生能融會貫通及運用在各學科的知識中。學校積極培育學生正確的人生價值觀。「正向高小天使」是學校全年發展的重點，配合不同的學習經驗及課堂活動，讓學生懂得欣賞自己和別人的強項，學會珍惜生命及感恩。

面試小貼士：

1. 了解小朋友的組織能力、理解能力及語言表達
2. 觀察小朋友專注及能否主動積極回應
3. 面試題目圍繞小朋友的日常生活，興趣及嗜好

面試詳情：

準備文件：學生出生證明文件、幼稚園中班成績、父母或兄姊在該校就讀或畢業證明文件
面試語言：以申請人的母語為主（廣東話/英語/普通話）

2025-2026小一入學簡介會：

日期：13/7/24（星期六）
時間：第一節上午10時至11時
　　　第二節下午2時至3時
地點：學校禮堂（座位先到先得）

入學報名程序：

1. 25/26學年小一招生報名申請：15/7/2024至24/8/2024
2. 報名方法：網上/親身報名
3. 24/25學年保留學額予聯繫幼稚園（如有）：約60%

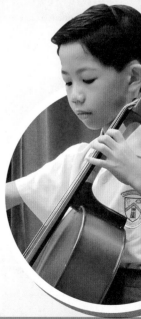

卓越成就：

- 聯校音樂大賽2024弦樂團（小學組）比賽金獎
- 第75屆香港學校朗誦節普通話集誦亞軍
- 2023-2024港島東區小學校際足球比賽冠軍
- 2023-2024港島東區小學校際羽毛球比賽亞軍
- 2023-2024港島東區小學校際排球比賽季軍
- 全港兒童單車大賽（越野賽錦標賽）冠軍

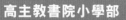

高主教書院小學部
電話：2522 1826　　　網址：http://rcps.raimondi.edu.hk　　　地址：香港灣仔司徒拔道肇輝臺一號E

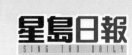 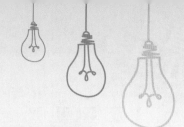

支援學校推行價值觀教育

為學生、教師及家長提供優質教育服務。

優質教育基金「我的行動承諾」加強版撥款計劃

培養師生國民教育和國家安全教育
支援學校推行媒體和資訊素養教育

推廣中華文化體驗活動一筆過津貼

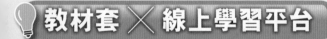 **專案項目**

學生、老師及家長均可使用，
項目包含教學資源及活動，當中包括：

- 教材套 ✕ 線上學習平台
- 講座 / 工作坊
- 校園電視台教室
- 參觀星島印刷廠、多媒體直播間
- 體驗活動

參加計劃後，優先使用
《星島日報及校園報》電子報

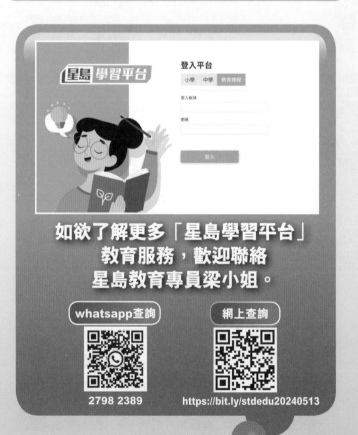

如欲了解更多「星島學習平台」
教育服務，歡迎聯絡
星島教育專員梁小姐。

whatsapp查詢　　　網上查詢

2798 2389　　https://bit.ly/stdedu20240513

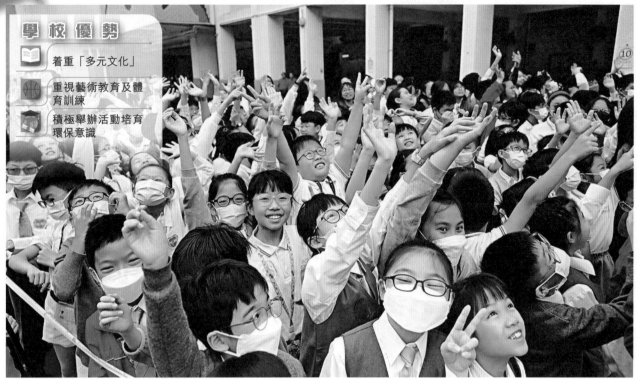

學校優勢

- 着重「多元文化」
- 重視藝術教育及體育訓練
- 積極舉辦活動培育環保意識

保良局陳守仁小學
Po Leung Kuk Camões Tan Siu Lin Primary School

促進學與教的效能 推動全人發展

學校着重結合網上自學資源及實體課堂學習經歷，為學生創造學習及身心發展的空間。學校亦為學生提供不同類型的課外活動、校隊訓練、興趣班、服務團隊訓練等，以促進學生的全人發展。學校積極推動STEAM教育發展，提升學生對科研的興趣。又以電子閱讀平台為基礎，增強學生對跨課程學習和閱讀的自主性。結合不同種類的評估方式，適時對學生的學習進程作出反思及回饋，有效促進學與教的效能。

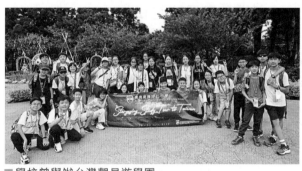

■學校曾舉辦台灣觀星遊學團。

面試須知

面試語言：廣東話、英文
面試形式：小組及個別面試
家長面見：沒有

面試貼士

面試以小組形式進行，透過遊戲，執行任務及談話，觀察小朋友的表達能力，明白指示的能力及團隊合作精神。

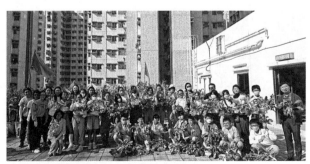

■學校把有機耕作納入常規課程。

本學年的特別活動/成就

◎ 國際編程精英挑戰賽2023-2024（CodeCombat）
　香港區 — 冠軍

◎ 第十屆香港國際學生創新發明大賽
　優秀創新發明學校 — 大獎、
　高小組 — 金獎、
　積極參與學校 — 大獎、
　傑出創新發明指導老師 — 大獎

◎ 「塗出滋味奇想」隨心畫藝術比賽2023-2024：
　高小組 — 金獎

◎ 第六屆楊士海盃全港學界圍棋大會賽2023：
　（青苗組B）— 第一名

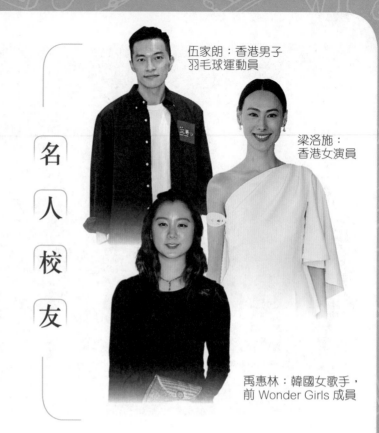

名人校友

伍家朗：香港男子
羽毛球運動員

梁洛施：
香港女演員

禹惠林：韓國女歌手，
前 Wonder Girls 成員

教師學歷及專業培訓
（佔全校教師人數%）

教育文憑 **71%**

碩士/博士或以上 **26%**

學士 **100%**

特殊教育培訓 **36%**

預計
25/26學年
小一學額（人）
165 人

學校資料

教學語言：英文
創校年份：1999年
學校類別：直資
校監/學校管理委員會主席：呂鈞堯
學制：全日
校長：周智銘
收生性別：男女
宗教：不適用
是否已成立法團校董會：是
校訓：愛敬勤誠
辦學團體：保良局
地址：油麻地海庭道6號

電話：2367 3318
學校佔地面積：約4,000平方米
校車服務：有
一條龍中學：/
直屬中學：/
聯繫中學：/
家長教師會：有
舊生會/校友會：有
23/24小學全年學費：$20,500
華語及非華語學生比例：13:1
最多學生入讀的三所中學：聖保羅男女中學、港大同學會書院、香港神託會培基書院

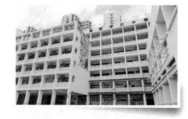

Youtube

學校網址

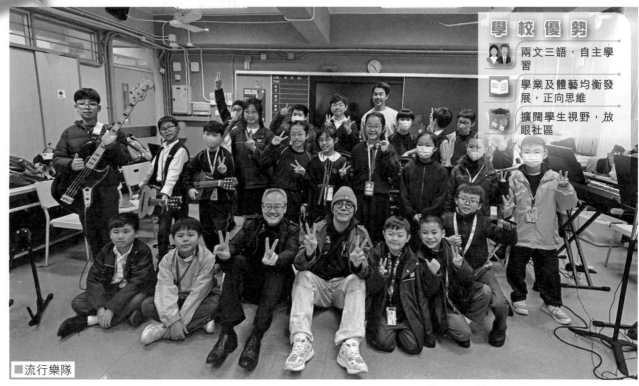
■流行樂隊

保良局陸慶濤小學
Plk Luk Hing Too Primary School

自尊自愛 追求卓越

保良局陸慶濤小學於1988年開校，於2005年轉為直資小學，並與區內屬校保良局羅氏基金中學結為一條龍學校，提供十二年中小學銜接課程，而無須參與升中呈分試。

藉着一條龍中學的優勢，學校會安排學生到中學進行不同的學習體驗，兩校老師亦有緊密的課程交流，讓學生中小學課程無縫銜接，發揮各自優勢，互相服務及學習，讓學生能夠在保良愉快成長。

校方努力培育學生成材，期望他們將來為國家、香港及家庭作出貢獻！

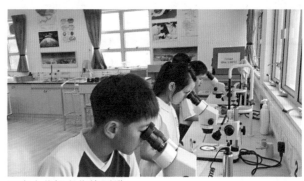
■中小學課程銜接活動。

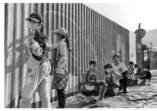
■將軍澳魷魚灣3D壁畫創作活動

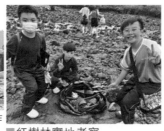
■紅樹林實地考察

面試須知
面試語言：以廣東話及英語，輔以普通話進行。
面試形式：以小組及個別形式。
家長面見：沒有。

面試貼士
主動積極，投入活動

本學年的特別活動/成就

◎ 教育局公益少年團：
　西貢區學界 STEAM 競賽 2024 全場總冠軍
◎ 暑期數理常識挑戰計劃2023決賽
　「數理校園」學校大獎 冠軍
◎ 全港學界國家安全常識挑戰賽 季軍
◎ 西貢區學界足球比賽 冠軍
◎ 香港冰球聯賽小學組總決賽Division A全港亞軍

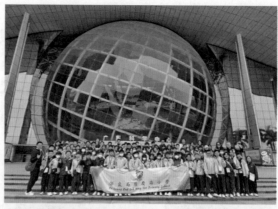
廣州交流活動

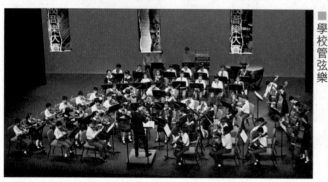
學校管弦樂

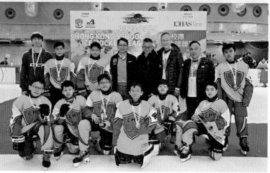
冰球比賽獲獎

教師學歷及專業培訓
（佔全校教師人數%）

教育文憑	碩士/博士或以上	學士	特殊教育培訓
86%	46%	100%	41%

預計
25/26學年
小一學額（人）

132 人

學校資料

教學語言：粵語、國語、英語
創校年份：1988年
學校類別：直資
校監／學校管理委員會主席：何許穎嘉女士
學制：全日
校長：黃志揚MH先生
收生性別：男女
宗教：不適用
是否已成立法團校董會：是
校訓：愛敬勤誠
辦學團體：保良局
地址：將軍澳寶林邨

電話：2701 0011
學校佔地面積：約4,500平方米
校車服務：校車、保姆車
一條龍中學：保良局羅氏基金中學
直屬中學：／
聯繫中學：／
家長教師會：有
舊生會／校友會：有
華語及非華語學生比例：全華語
23/24小一全年學費：$13,000（分10期）
100%學生直升保良局羅氏基金中學

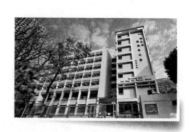

學校網址

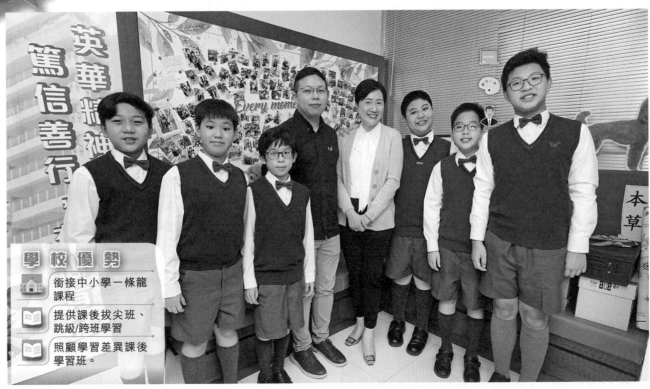

學校優勢

- 銜接中小學一條龍課程
- 提供課後拔尖班、跳級/跨班學習
- 照顧學習差異課後學習班。

英華小學
Ying Wa Primary School

擁抱挑戰面向世界

學校透過多元學習經歷、專科教學、生活融合德、訓、輔與靈育元素，並以基督精神，培養具豐富學識，才藝兼備，可以擁抱挑戰，面對世界，榮神益人的全人。

重視溝通及自理能力

學校重視學生的溝通和自理能力，透過教學設計，滲入思考和解難的能力，亦培養學生的創造力和運用資訊科技能力，使學生建立自尊和良好的學習習慣、能力和態度，讓他們樂於學習。課堂設有專題研習，亦在英數兩科會進行拔尖小班教學，並且設輔導及鞏固學習班，以減少個別差異。

除了設有學生大使計劃，學校亦注重親子伴讀及早讀時間，並且有指定讀物，讓學生透過閱讀而成長。同時早會課亦設有德育與公民教育的培養，透過家校合作發展德育及靈育教育。對於資訊科技應用上，除設電腦課外，教學亦運用電腦，全校行政電腦化，並且發展網上家課。

自小打穩語文基礎

學校中文科以普通話教學，一至六年級校本拼音教材學習漢語拼音，並且以閱讀為基礎，統整讀、寫、聽、說，低小課程以「說話寫話」為主，中高小發展「讀寫結合」。學校充斥着英語的語境外，英語課程則以充滿樂趣的課堂引導學生學習英語，而各項英語活動，亦為學生帶來英語的趣味。

至於常識科會針對男孩好動、好玩、好奇和好拆的特性，在課程中加入專題研習、科學探究、合作學習等，推動學生主動參與、引導他們批判思考和應用所建構的概念等。

面試須知

面試語言：粵語、英語進行。
面試形式：以面談形式

全方位學習活動

制服團隊如童軍、音樂如管弦樂團、弦樂團、管樂團、中樂團、中國鼓隊、敲擊樂隊、合唱團，運動如各類球隊、田徑隊、游泳隊、資訊科技組、辯論隊、朗誦隊、話劇組、科學DIY隊、奧數隊、常識問答隊、學生大使

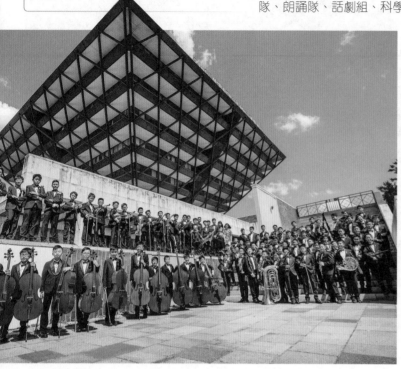

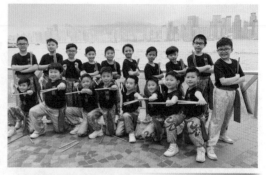

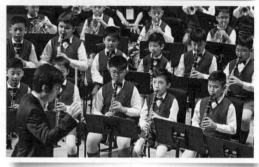

教師學歷及專業培訓
（佔全校教師人數%）

教育文憑	碩士/博士或以上	學士	特殊教育培訓
97%	44%	100%	6%

預計
25/26學年
小一學額（人）

沒有提供

學校資料

教學語言：粵語、國語、英語
創校年份：2003年
學校類別：直資
校監／學校管理委員會主席：曾昭群太平紳士
學制：全日
校長：陳美娟MH
收生性別：男
宗教：基督教
是否已成立法團校董會：不適用
校訓：篤信善行
辦學團體：中華基督教會

地址：深水埗英華街三號
電話：2728 3320
學校佔地面積：約14,000平方米
校車服務：有
一條龍中學：英華書院
直屬中學：／
聯繫中學：／
家長教師會：有
舊生會／校友會：有
22/23小一全年學費：$18,000（分10期）

學校網址

學校優勢

- 揉合中西教育優點，不拘一格
- 因應教學需要而作校本調適，創立特色課程。

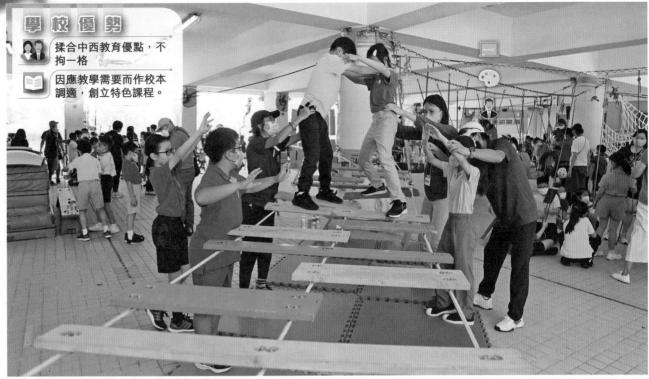

香港華人基督教聯會真道書院
The HKCCC Union Logos Academy

發展多元潛能培育正確觀念

學校採用全校參與模式照顧學生個別差異。在每星期上課時間表內，有一節課作為自學時段，讓學生完成部份功課及鞏固學習。中英數科老師在自學時段亦特別為個別學生進行輔導。另外，學校亦設有多元化的校本資優課程以照顧能力較高或有特別潛質的學生。

面試須知

所有申請人均有第一輪面試機會。
面試形式：分為兩個階段。第一個階段是小組面試，第二個階段是個別面試。被甄選的申請人會被邀請參加第二個階段，家長或監護人須參與。
家長面見：有。

面試貼士

校方將以下列準則作甄選：
1：申請人的面試表現。例如申請人的語言及智力能力、社交及溝通技巧、發問的積極性及對他人的關愛等。
2：申請人家長的面試表現。例如：對學校辦學理念之認同、對創新理念的欣賞、對申請人充足的支持、對學校的委身及家校合作參與等。
3：當兩位申請人在整體表現非常接近時，有兄弟姊妹在本校就讀的申請人將會有優先入學資格。

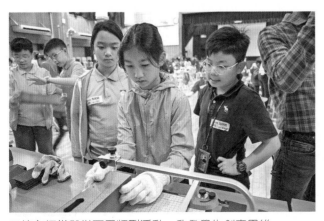

■校方經常舉辦不同類型活動，啟發學生創意思維。

全方位學習活動

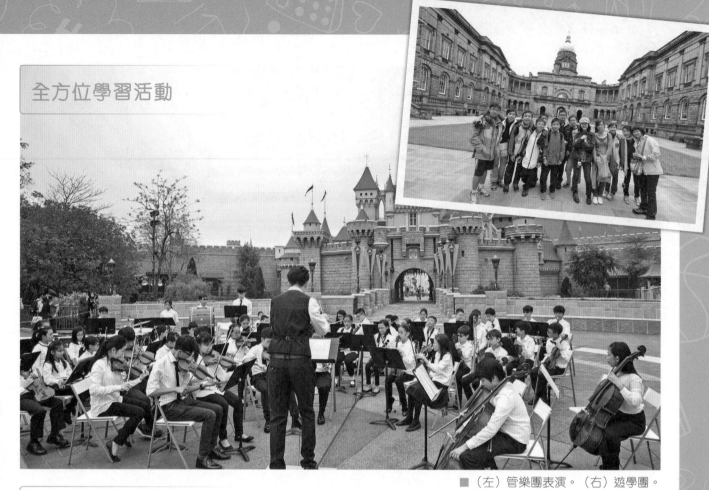

■（左）管樂團表演。（右）遊學團。

教師學歷及專業培訓
（佔全校教師人數%）

教育文憑 88%	碩士/博士 或以上 55%	學士 100%	特殊教育 培訓 24%

預計
25/26學年
小一學額（人）

198人

學校資料

教學語言：中文及英文
創校年份：2002年
學校類別：直資
校監／學校管理委員會主席：鍾嘉樂牧師
學制：全日
校長：李澤康博士
收生性別：男女
宗教：基督教
是否已成立法團校董會：不適用
校訓：求真行道、達善臻美
辦學團體：香港華人基督教聯會

地址：將軍澳嶺光街五號
電話：2337 2126
學校佔地面積：約7,000平方米
校車服務：有
一條龍中學：香港華人基督教聯會真道書院
直屬中學：／
聯繫中學：／
家長教師會：有
舊生會／校友會：有
23/24小一全年學費：$28,600

學校網址

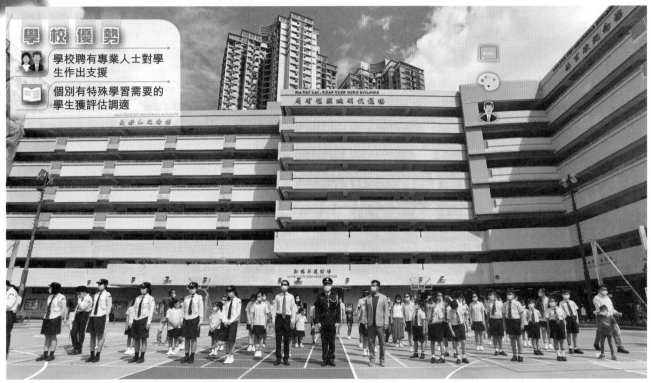

培僑書院
Pui Kiu College

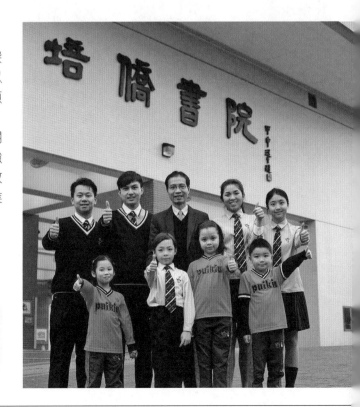

以中國文化為本　擴闊學生國際視野

　　書院致力培養學生能擁有廣闊的國際視野，兼具深厚的中華文化涵養和中國情懷，同時通曉中英語文，以及思辯敏銳、好學篤行、勇於承擔，以至成為學生領袖。

　　除了會強化學生的自我管理能力，亦會培養他們關愛及尊重他人的精神，並且推動學生關心國家社會，強化其服務社群的精神，促進全人發展。另一方面亦會致力優化教師考績制度，提高專業知識之餘亦會加強專業交流制度，並且會加強中層人員的培訓。

面試須知

面試語言：粵語、英語、國語面試。

面試形式：以小組及單對單形式的面試，另有集體遊戲。

家長面見：沒有。

全方位學習活動

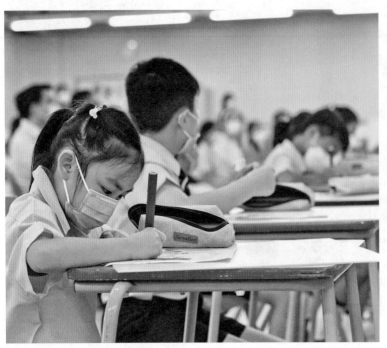

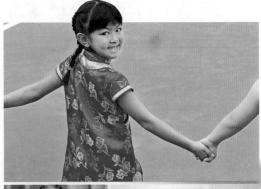

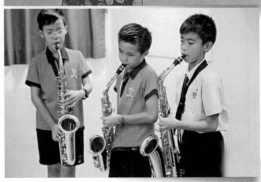

教師學歷及專業培訓
（佔全校教師人數%）

教育文憑
88%

碩士/博士
或以上
60%

學士
100%

特殊教育
培訓
11%

預計
25/26學年
小一學額（人）

沒有提供

學校資料

教學語言：粵語、國語及英語
創校年份：2005年
學校類別：直資
校監 / 學校管理委員會主席：曾鈺成
學制：全日
校長：吳育智
收生性別：男女
宗教：不適用
是否已成立法團校董會：是
電話：2602 3166
辦學團體：培僑教育機構有限公司

地址：大圍大圍新村路1號
校訓：中西薈萃，培育出類拔萃新生代
學校佔地面積：約19,000平方米
校車服務：校車
一條龍中學：培僑書院
直屬中學：/
聯繫中學：/
家長教師會：有
舊生會/校友會：無
23/24小一全年學費：$31,000

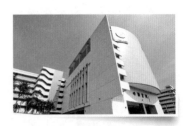

學校網址

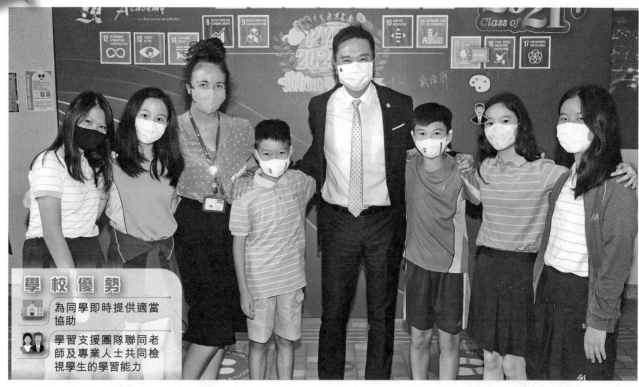

學校優勢

- 為同學即時提供適當協助
- 學習支援團隊聯同老師及專業人士共同檢視學生的學習能力

基督教香港信義會宏信書院
ELCHK Lutheran Academy

踏上未來領袖之路

宏信書院致力透過基督教教育來培養學生的道德修養與原則，通過校本國際課程框架為學生提供思考、探究、不斷嘗試、交流和反思的學習機會，同時作為兼容多元文化的校園，致力培養學生俱中國文化及國際情懷，以及成為樂於終身學習及獲得全面發展的未來領袖。

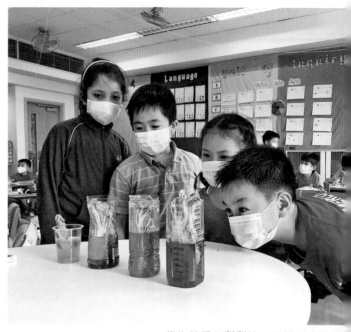

面試須知

面試語言：英語、普通話。
家長面見：與教師互相分享教育理念。

面試貼士

面試前一晚要有充分休息，不須作太多操練，讓孩子放鬆心情。

■學生熱愛創科科技，發揮創意和解

全方位學習活動

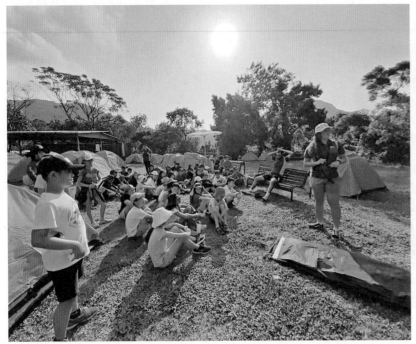

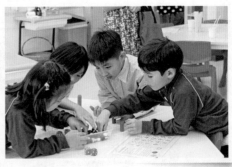

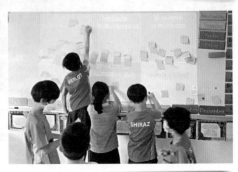

教師學歷及專業培訓
（佔全校教師人數%）

教育文憑	碩士/博士或以上	學士	特殊教育培訓
75%	52%	99%	17%

預計
25/26學年
小一學額（人）

沒有提供

學校資料

教學語言：英文
創校年份：2010年
學校類別：直資
校監／學校管理委員會主席：張振華
學制：全日
校長：林克忠博士
收生性別：男女
宗教：基督教
是否已成立法團校董會：是
校訓：凡事包容，凡事相信
辦學團體：基督教香港信義會
地址：元朗欖口村路25號宏信書院

電話：8208 2092
學校佔地面積：約9,900平方米
校車服務：有
一條龍中學：基督教香港信義會宏信書院
直屬中學：/
聯繫中學：/
家長教師會：有
舊生會／校友會：無
23/24小一全年學費：$80,870
最多學生入讀的三所中學：不適用（一條龍中學）

學校網址

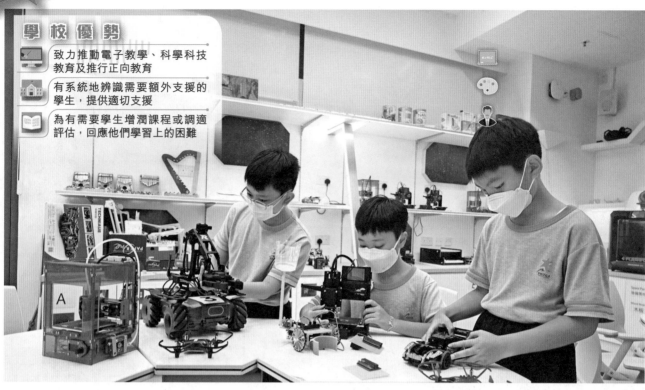

學校優勢

- 致力推動電子教學、科學科技教育及推行正向教育
- 有系統地辨識需要額外支援的學生，提供適切支援
- 為有需要學生增潤課程或調適評估，回應他們學習上的困難

港大同學會小學
HKUGA Primary School

建立思辨與創新的根基

學校致力培育「活潑、好學、思辨、創新」的學生，同時在發展有理想、富愛心、高水平、具創意的專業教師隊伍的根基上，提供優質的新教育模式。着重培養和諧師生關係，以及提升同學對學校的歸屬感，為提升學生運用資訊科技的能力，全面提供資訊科技課程。

面試須知

面試形式：主要透過小組遊戲及個人面談進行，從而觀察孩子的行為、社交表現、理解及表達能力。

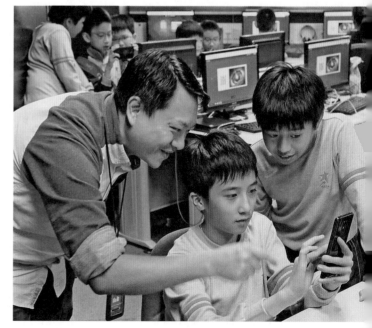

■學生熱愛創科科技，發揮創意和解

全方位學習活動

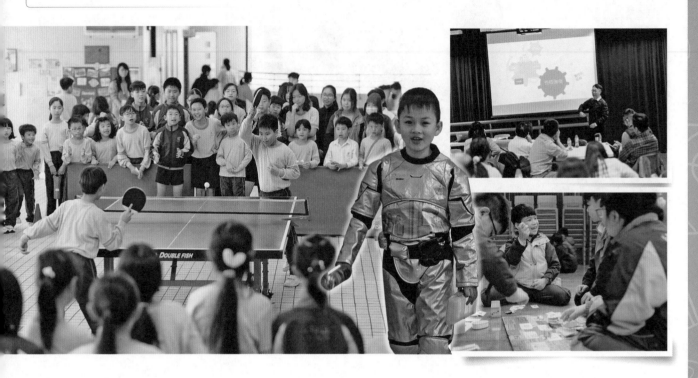

教師學歷及專業培訓
（佔全校教師人數%）

教育文憑	碩士/博士或以上	學士	特殊教育培訓
100%	50%	100%	28%

預計
25/26學年
小一學額（人）

沒有提供

學校資料

教學語言：粵語、國語、英語
創校年份：2002年
學校類別：直資
校監 / 學校管理委員會主席：鄧艷文
學制：全日
校長：黃桂玲
收生性別：男女
宗教：不適用
是否已成立法團校董會：是
校訓：明德惟志、格物惟勤
辦學團體：香港大學畢業同學會教育基金
地址：柴灣怡盛街九號

電話：2202 3922
學校佔地面積：約4,562平方米
校車服務：有
一條龍中學：港大同學會書院
直屬中學：/
聯繫中學：/
家長教師會：有
舊生會 / 校友會：有
23/24小一全年學費：$33,950（分10期）
首三志願學校比率：沒有提供
最多學生入讀的三所中學：港大同學會書院（一條龍中學）

學校網址

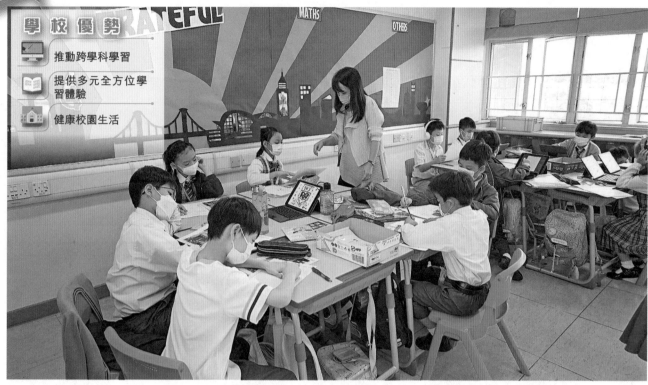

學校優勢

- 推動跨學科學習
- 提供多元全方位學習體驗
- 健康校園生活

和富慈善基金李宗德小學
W F Joseph Lee Primary School

獨特校風文化 五育全面成長

採用以學習者為中心的多元教學模式，如小一設全年適應年並不設考試，幫助新生過渡適應小學生活；混合教學是以學生作主導並高度參與的學習模式，能提升學生的自主學習能力。結合網上及實體學習，豐富整體學習體驗；為不同能力的學生提供適切的學習差異支援，配合學習需要。

面試須知

面試語言：粵語、英語及國語。
面試形式：首輪面試會面見學生，次輪會面見家長及學生。
家長面見：有

面試貼士

學生能展現「德才兼備」的特質；學校希望家長共擁相同教育理念與核心價值。

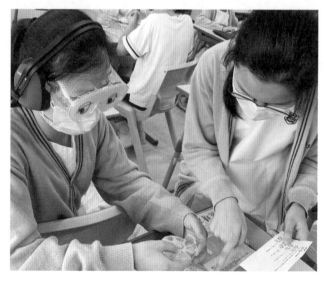

■校方強調培育學生自主學習能力，勇於探究未知常識領域。

本學年的特別活動/成就

◎ 混合教學－ISTE混合學習最佳項目獎項及國際傑出電子教學獎 金獎（英國語文教育）：
該校是香港唯一一所獲得ISTE混合學習最佳項目獎項的學校，並將代表香港以小組成員的身份參加ISTELive22及ISTE博覽會，與各教育工作者分享對混合學習的寶貴經驗。該校的混合教學計劃亦勇奪由香港大學電子學習發展實驗室主辦的國際傑出電子教學獎金獎（英國語文教育），更進一步為該校繼續推動教與學改革打下強心針。新時代之中，學校將會繼續學習善用科技和多元創新的教學模式，為學生提供最優質的學習體驗。

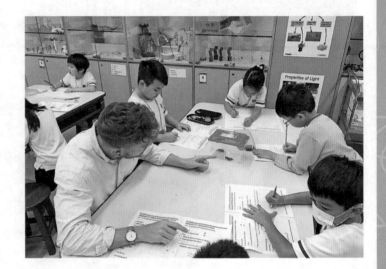

教師學歷及專業培訓
（佔全校教師人數%）

教育文憑	碩士/博士或以上	學士	特殊教育培訓
94%	36%	100%	36%

預計
25/26學年
小一學額（人）
165 人

學校資料

教學語言：粵語、國語及英語
創校年份：2002年
學校類別：直資
校監/學校管理委員會主席：李宗德博士
學制：全日
校長：潘嘉璇
收生性別：男女
宗教：不適用
是否已成立法團校董會：不適用
校訓：智、信、愛
辦學團體：和富慈善基金有限公司
地址：天水圍天暉路9號

電話：3401 4995
學校佔地面積：約7,200平方米
校車服務：校車
一條龍中學：/
直屬中學：/
聯繫中學：/
家長教師會：有
舊生會/校友會：無
23/24小一全年學費：$17,600（分10期）
首三志願學校比率：87%
最多學生入讀的三所中學：
中華基督教青年會中學、拔萃男書院、德望學校

學校網址

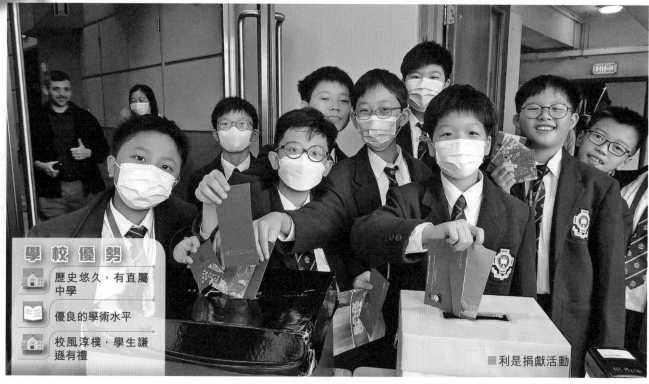

學校優勢

- 歷史悠久，有直屬中學
- 優良的學術水平
- 校風淳樸，學生謙遜有禮

■利是捐獻活動

聖保羅書院小學
St. Paul's College Primary School

跨越學科學習 掌握技能

學校重視學生兩文三語的發展，除精心規劃適切的校本語文學習課程外，近年更積極推行「超學科」課程及STEAM教育，讓學生跨越學科之間的界限開展學習，在特設的情境中掌握技能，並熱心探索相關的學習內容，滿足對知識的熱切追求。

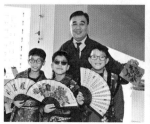
■中華文化日

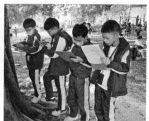
■戶外學習

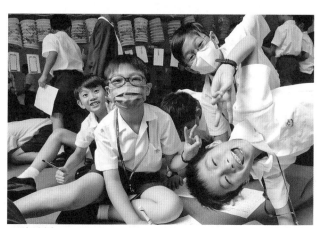
■猜燈謎

面試須知

面試形式：第一輪，凡合符資格的申請者獲邀出席面見，小組形式進行；第二輪，甄選第一輪面見表現優異的學生與校長/副校長會面，內容包括學生基本能力、個人邏輯思維、表達能力的展示，以及日常家庭及學習生活的分享等。

面試貼士

學生表現自信、有禮，並且樂意與人分享；面對問題，願意作出嘗試，不輕易放棄。

本學年的特別活動/成就

◎ 香港學校音樂節—高級歌詠組賽事：亞軍
◎ 第十一屆香港國際表演藝術節音樂大賽
　（香港團體表演賽）：金獎
◎ 香港學校音樂節—港島區小學合唱（高級組）：銀獎
◎ 香港校際合唱比賽暨大師班2024：金獎
◎ 2023-2024港島西區小學校際乒乓球比賽：
　男子乙組：亞軍及男子甲組：冠軍
◎ 2024第58屆志強杯足球比賽：
　銀碟賽：冠軍及銀碟賽：亞軍
◎ 第二十一屆全港小學英文民歌組合歌唱比賽決賽：
　全場總冠軍、和諧音色演譯獎及優美英語演譯獎
◎ 第七十五屆香港學校朗誦節：
　三、四年級普通話集誦：冠軍
◎ 2023-2024港島西區小學校際五人足球比賽：殿軍

名人校友

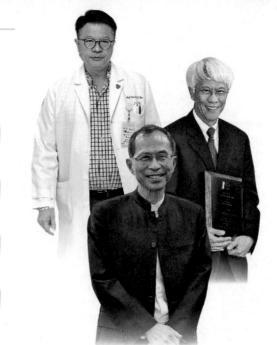

（中）曾鈺成，大紫荊勳賢，GBS，JP
（右）任志剛，大紫荊勳賢，GBS，CBE，JP
（左）許樹昌，BBS

教師學歷及專業培訓
（佔全校教師人數%）

教育文憑
100%

碩士/博士
或以上
36.6%

學士
100%

特殊教育
培訓
40%

預計
25/26學年
小一學額（人）
112人

學校資料

教學語言：英文
創校年份：1960年
學校類別：直資
校監/學校管理委員會主席：校監源迪恩
學制：全日
校長：麥志豪
收生性別：男
宗教：基督教
是否已成立法團校董會：是
校訓：寅畏上主是為智之本
辦學團體：香港聖公會
地址：薄扶林域多利道777號

電話：3710 1777
學校佔地面積：約5,380平方米
校車服務：有
一條龍中學：/
直屬中學：聖保羅書院
聯繫中學：/
家長教師會：有
舊生會/校友會：有
23/24小一全年學費：$30,000
華語及非華語學生比例：全華語
最多學生入讀的三所中學：聖保羅書院

學校網址

學校優勢

- 設有及早識別有特殊教育需要的學生，並作出個別學習計畫等支援
- 採用協作和分組教學，增加課堂互動
- 小一入學前英語銜接課程

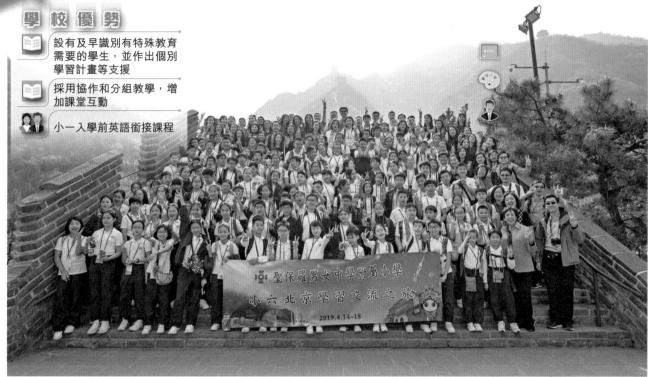

聖保羅男女中學附屬小學
St. Paul's Co-educational College Primary School

培養六育均衡發展

學校透過透過多元教學模式及各項活動，培養學生「思考、學習、溝通、創新、自律、樂觀、關愛、服務、健康」九項素質。同時採用協作教學和分組教學，照顧學生學習需要，增加課堂互動。

此外亦推行融合STEM元素和自主學習的MASTER綜合課程，各級亦推展不同程度的編程教學，提升學生的運算思維及解難能力。小六更加入英語教授，增設英語話劇課程、科學及人文學科。

面試須知

面試語言：粵語。
面試形式：內容圍繞學生日常生活經驗。
家長面見：與申請人一起面見校長。

面試貼士

面試時主要觀察孩子的素質、溝通能力、待人接物的態度及是否謙遜有禮等，最重要的是表現真我。

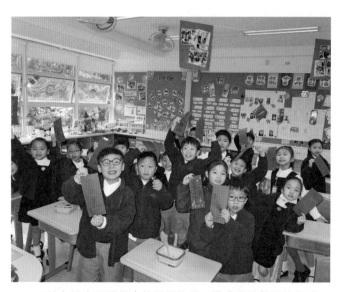

■校方沒有不同程度的編程教學，提升學生的運算思維。

全方位學習活動

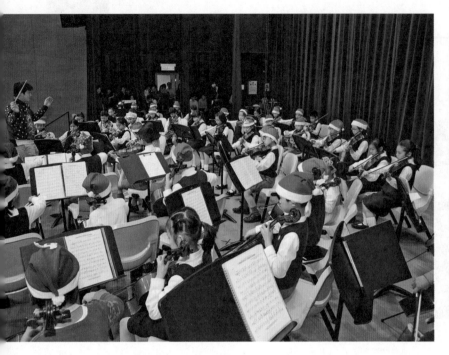
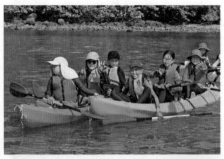
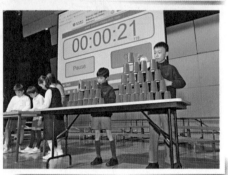

教師學歷及專業培訓
（佔全校教師人數%）

教育文憑	碩士/博士或以上	學士	特殊教育培訓
98%	60%	99%	31%

預計
25/26學年
小一學額（人）

沒有提供

學校資料

教學語言：中文
創校年份：1915 年
學校類別：直資
校監 / 學校管理委員會主席：利乾博士
學制：全日
校長：張慧純
收生性別：男女
宗教：基督教
是否已成立法團校董會：不適用
校訓：發揚「信、望、愛」精神
辦學團體：聖保羅男女中學校董會

地址：黃竹坑南風徑11號
電話：2526 1882
學校佔地面積：約7,700平方米
校車服務：有
一條龍中學：聖保羅男女中學
直屬中學：/
聯繫中學：/
家長教師會：有
舊生會 / 校友會：有
23/24小一全年學費：$66,600

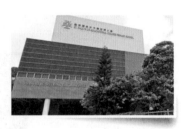

學校網址

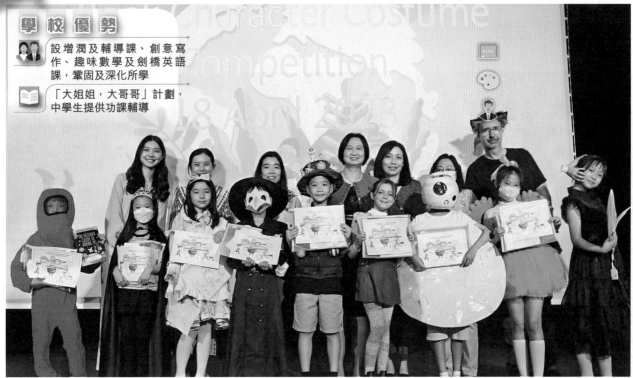

聖瑪加利男女英文中小學
St. Margaret's Co-edu English Secondary & Primary School

培養終身學習 三文四語走向世界

推行英語正音計劃：小一至小四教授英語拼音，小六至中二教授國際音標法；設完善的資優教育計劃，擁有相應培訓的師資，按資優生需要而安排其課堂，貫徹推行拔尖補底政策；制作校本英語教材，照顧不同程度的學習需要；各科均作課程調適，助學生能更快適應課程，提升學習效能。

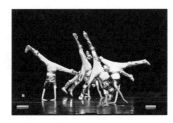

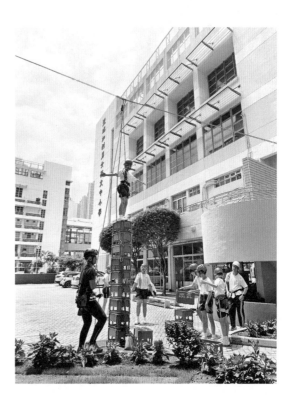

面試須知

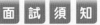

面試形式：以活動遊戲為主，英語、普通話或粵語進行。

家長面談：學生面試達標後，會個別約見。：

全方位學習活動

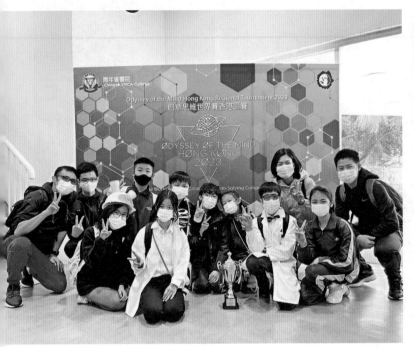

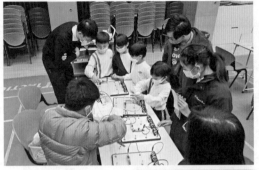

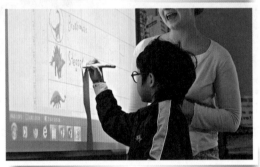

教師學歷及專業培訓
（佔全校教師人數%）

教育文憑	碩士/博士或以上	學士	特殊教育培訓
74%	32%	95%	13%

預計
25/26學年
小一學額（人）

66人

學校資料

教學語言：英文
創校年份：1965年
學校類別：直資
校監：伍志衡
學制：全日
校長：李蘭苑
收生性別：男女
宗教：天主教
是否已成立法團校董會：不適用
校訓：明德新民 止於至善
辦學團體：聖瑪加利教育機構有限公司

地址：西九龍深旺道33號
電話：2396 6675
學校佔地面積：約7,350平方米
校車服務：有
一條龍中學：聖瑪加利男女英文中小學
直屬中學：／
聯繫中學：／
家長教師會：有
舊生會／校友會：有
23/24小一全年學費：$53,570（分10期）

學校網址

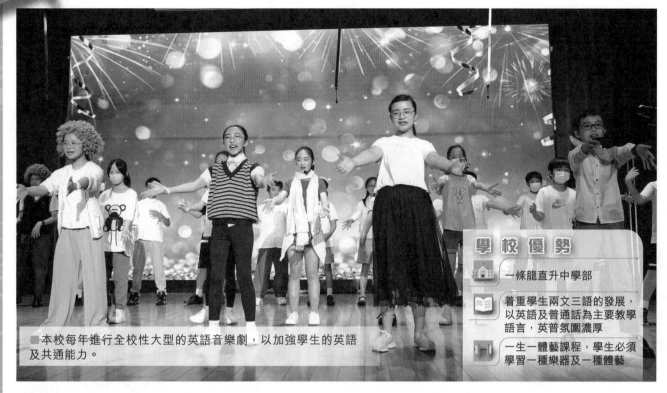

■本校每年進行全校性大型的英語音樂劇，以加強學生的英語及共通能力。

學校優勢

- 一條龍直升中學部
- 着重學生兩文三語的發展，以英語及普通話為主要教學語言，英普氛圍濃厚
- 一生一體藝課程，學生必須學習一種樂器及一種體藝

漢華中學（小學部）
Hon Wah College (Primary Section)

探新求知 樂學體驗

漢華中學(小學部)推行資優教育，讓每個學生在「機會、資源與鼓勵」下成長，致力培育學生在品行、兩文三語、學術及體藝等各方面得到全面發展。教師以「愛與榜樣」為共同信念，關愛學生，以身作則，為培育學生為己任。

資優理念 重視全人教育

學校推行校本全班式資優培育課程，透過多元化學習策略，培養學生在學科及STEAM發展上的才華。學校亦因應學生的專長，安排學生參與一生一體藝、校隊訓練及增益課程，以抽離式資優培訓形式，栽培學生成長。學校更以全校性的「漢華之星星級獎勵計劃」，讓學生訂立目標，發奮向上，促進自主學習。

服務學習 正向生活在校園

學校致力提倡關愛和共融，讓學生學習服務他人，貢獻社會，其中「大手牽小手」計劃及「義行動」能讓學生身體力行，以愛傳愛，關懷身邊的人。學校更結合不同科目及活動，以班際比賽形式，讓全校各班以奪得「Super Class」為目標，提升學生的團隊合作及對學校的歸屬感。

樂於學習 體驗式校本課程

學校多元化的學習活動，透過全校性跨學科主題學習課程，讓學生認識自己，發掘長處及能力，從小訂立人生及事業目標，進而實踐計劃。學校以戲劇融入教學的課程，每年進行全校性大型的英語和普通話音樂劇，加強學生的英語和普通話能力、共通能力和協作能力，提升學生的自信心和成功感。全校均進行全方位考察活動，更為高小學生舉辦全班式境外學習遊學團，曾探訪深圳、廣州、上海、武漢、西安、北京、台灣及新加坡等地，進行專題研習，擴闊視野，放眼世界。

本學年的特別活動/成就

學校推行校本資優課程、一生一體藝及跨學科專題研習，發掘學生潛能，學生在學術和體藝方面表現出色。

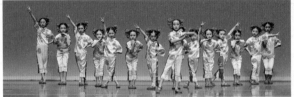

■「一生體藝」計劃、增益課程校隊及興趣班等，發掘學不同潛能。

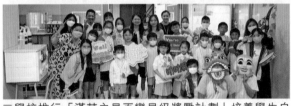

■ 學校推行「漢華之星百變星級獎勵計劃」培養學生自主學習，訂定目標。

名人校友

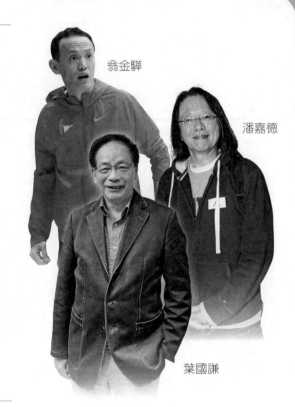

翁金驊

潘嘉德

葉國謙

教師學歷及專業培訓
（佔全校教師人數%）

教育文憑 86%	碩士/博士或以上 41%	學士 100%	特殊教育培訓 49%

預計
25/26學年
小一學額（人）

99人

學校資料

教學語言：粵語、國語、英語
創校年份：1945年
學校類別：直資
校監/學校管理委員會主席：崔綺雲博士
學制：全日
校長：關穎斌先生
收生性別：男女
宗教：不適用
是否已成立法團校董會：是
校訓：漢粹國菁
辦學團體：漢華教育機構
地址：小西灣富欣道3號

電話：2817 1746
學校佔地面積約：5,710平方米
校車服務：有
一條龍中學：漢華中學
直屬中學：/
聯繫中學：/
家長教師會：有
舊生會/校友會：/
23/24小一全年學費：$17,640（分10期繳交）
華語及非華語學生比例：一
最多學生入讀的三所中學：漢華中學

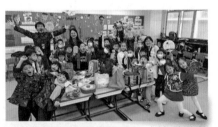

■ 本校透過不同的學習形式讓從遊戲中，明白團隊合作重要。

Facebook

學校網址

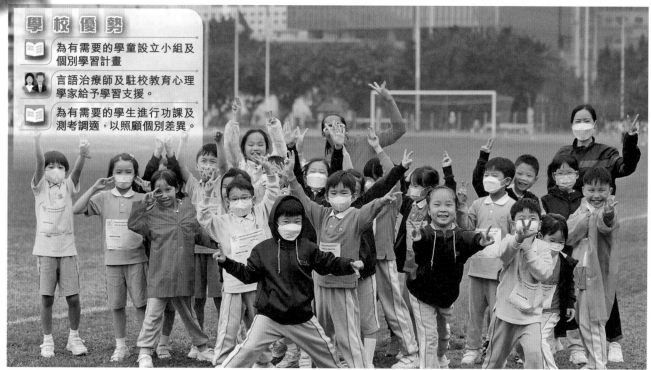

學校優勢

- 為有需要的學童設立小組及個別學習計畫
- 言語治療師及駐校教育心理學家給予學習支援。
- 為有需要的學生進行功課及測考調適,以照顧個別差異。

福建中學附屬學校
Fukien Secondary School Affiliated School

重德育培養　從玩耍中成長

重視學生的學習技巧、態度和興趣,以培養學生成為具獨立學習能力的二十一世紀學習者。一、二年級以兩位老師教授英、數、主題科目,三至六年級每位學生配備電子配備(Surface Pro),透過推動電子學習提升學教成效。此外,學校亦設有創科玩具閣、沉浸式學習實驗室、人工智能實驗室、教學研究室等設施為學生的學習帶來不一樣的學習體驗。

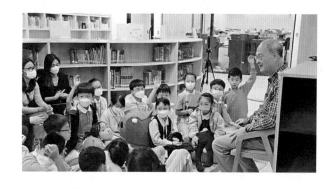

面試須知

面試語言:以粵語、英語、國語進行。
面試形式:以個別面談、小組活動、集體遊戲形式。
家長面見:以填寫問卷、小組及或個別面見模式。

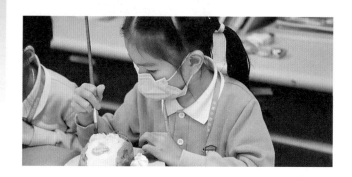

面試貼士

宜於面試前有充份休息,以最佳狀態迎接面試。全面而發展平均的學生,不抗拒使用英文及普通話學習,待人有禮,善於合作較有優勢。

全方位學習活動

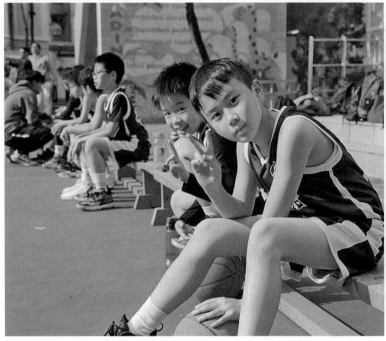
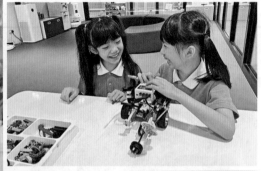
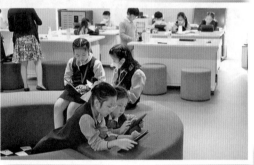

教師學歷及專業培訓
（佔全校教師人數%）

教育文憑	碩士/博士或以上	學士	特殊教育培訓
87%	33%	100%	0%

預計
25/26學年
小一學額（人）

132人

學校資料

教學語言：英文
創校年份：2009年
學校類別：直資
校監／學校管理委員會主席：黃周娟娟
學制：全日
校長：徐區懿華
收生性別：男女
宗教：不適用
是否已成立法團校董會：不適用
校訓：求真擇善愛望誠信
辦學團體：香港福建商會

地址：觀塘油塘村第二期
電話：2606 0670
學校佔地面積：約6,000平方米
校車服務：有
一條龍中學：福建中學（觀塘）
直屬中學：福建中學（觀塘）
聯繫中學：福建中學（觀塘）
家長教師會：有
舊生會／校友會：有
23/24小一全年學費：$36,700
最多學生入讀的三所中學：福建中學（觀塘）

學校網址

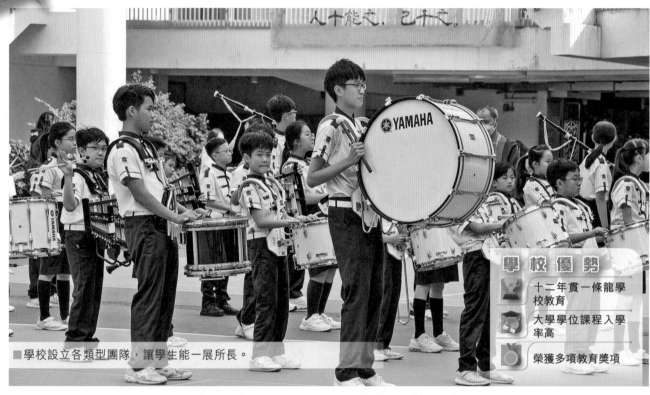

學校優勢

- 十二年貫一條龍學校教育
- 大學學位課程入學率高
- 榮獲多項教育獎項

■學校設立各類型團隊，讓學生能一展所長。

播道書院
Evangel College

以學生為中心「人人皆資優」

　　鞏固校本課程發展、以學生為中心的教學、教學評估和回饋、基準題目的使用、學習分享、學生的學習信心、方法和自學。同時，校方亦全方位推行以《聖經》真理和中華文化價值觀為本的生命價值教育，建設「智慧校園」，運用資訊科技來發展學生的資訊科技素養及數據素養。

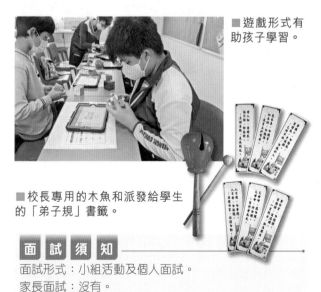

■遊戲形式有助孩子學習。

■校長專用的木魚和派發給學生的「弟子規」書籤。

面試須知

面試形式：小組活動及個人面試。
家長面試：沒有。

面試貼士

家長以平常心看待面試，與孩子一起製作學生檔案，給予他們鼓勵及正面的回饋，以增加他們的自尊感。

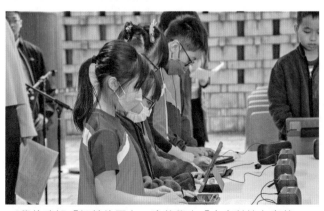

■學校建設「智慧校園」，培養學生「未來科技」素養。

本學年的特別活動/成就

◎ 香港手鈴比賽：金獎

◎ 公開STEAM比賽：金獎

◎ 中國舞：冠軍

◎ 中國象棋：冠軍

◎ 香港校際朗誦節：冠 / 亞 / 季軍獎項

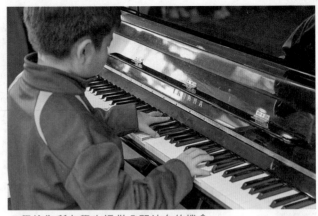

■學校為所有學生提供公開站台的機會。

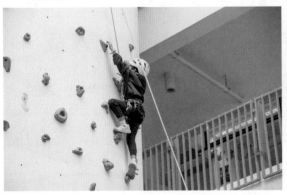

■透過攀石訓練，教導孩子「勝人者有力，自勝者強」。

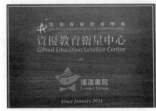

■學校是「香港資優教育學苑」首三間「資優教育衛星中心」之一。

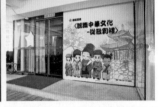

■學校推行「從敬到禮」的中華文化禮儀教育。

教師學歷及專業培訓
（佔全校教師人數%）

教育文憑 **97%**

碩士 / 博士或以上 **37%**

學士 **63%**

特殊教育培訓 **29%**

預計 25/26學年 小一學額（人）
160人

學校資料

教學語言：英語
創校年份：2006年
學校類別：直資
校監 / 學校管理委員會主席：何永業先生
學制：全日
校長：盧偉成MH
收生性別：男女
宗教：基督教
是否已成立法團校董會：否
校訓：播揚真理，道育幼苗
辦學團體：中國基督教播道會聯會
地址：將軍澳至善街7號

電話：2366 1802
學校佔地面積：約14,380平方米
校車服務：有
一條龍中學：播道書院
直屬中學：/
聯繫中學：/
家長教師會：有
舊生會 / 校友會：有
23/24小一全年學費：$22,500（分10期繳交）
華語及非華語學生比例：/
最多學生入讀的三所中學：
大部份小六學生升讀播道書院（中學部）

Video

學校網址

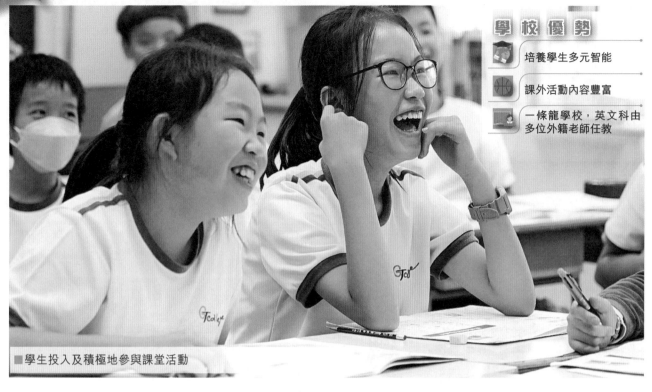

■學生投入及積極地參與課堂活動

優才（楊殷有娣）書院
G.T.(Ellen Yeung) College

1. 強化STEAM教育、培養學生媒體和資訊素養。
2. 加強照顧學生的多樣性
3. 提升評估素養，促進學與教效能。
4. 豐富全方位學習經歷，促進全人發展。
5. 加強跨課程學習和閱讀，發展終身學習的能力。
6. 善用學時創造空間，促進身心均衡發展。
7. 加強價值觀教育（包括生命教育，國民及國家安全
   教育

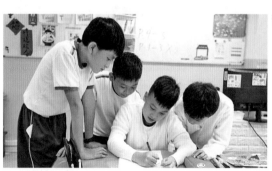

■學生主動參與專題式學習。

面試須知
面試形式：包括六月至七月的第一階段面試，及九月
至十月的第二階段面試。
家長面見：沒有

面試貼士
學校着重孩子孩子的好奇心、學習能力與溝通能力，
並擁有良好品德與基本禮貌。可先讓孩子了解學校及
面見形式而做好心理準備，有助表現更自然。詳情請
瀏覽main.gtschool.hk內的影片。

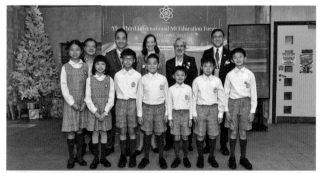

■優才學生大使協助學校推行各項多元化的活動，提升學
生對學校的歸屬感。

本學年的特別活動/成就

◎ 西貢區最佳學校（十大傑出學生）
◎ 全港小學體育獎勵計劃—西貢區小學分會全年總錦標：
  金獎、銀獎
◎ 校際音樂、朗誦及戲劇節：獲多個獎項

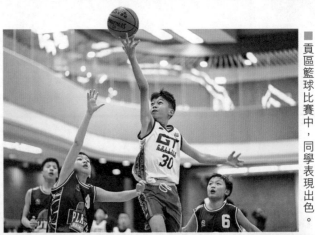

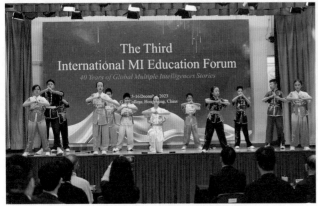

■第三屆國際多元智能論壇，學生的武術表演。

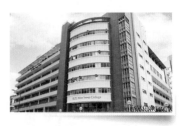

■全港小學校際女子五人足球比賽

貢區籃球比賽中，同學表現出色。

教師學歷及專業培訓
（佔全校教師人數%）

教育文憑	碩士/博士或以上	學士	特殊教育培訓
94%	57%	100%	11%

預計
25/26學年
小一學額（人）

130人

學校資料

教學語言：中文及英文
創校年份：1996年
學校類別：直資
校監/學校管理委員會主席：施家殷校董
學制：全日
校長：陳偉傑先生
收生性別：男女
宗教：不適用
是否已成立法團校董會：不適用
校訓：愛心、創意、勤奮
辦學團體：天才教育協會
地址：調景嶺嶺光街10號（將軍澳校舍）
　　　、旺角洗衣街31號（旺角校舍）

電話：2535 6869（將軍澳校舍）、
　　　2384 9855（旺角校舍）
學校佔地面積：約7,000平方米
校車服務：有
一條龍中學：優才（楊殷有娣）書院
直屬中學：/
聯繫中學：/
家長教師會：有
舊生會/校友會：/
23/24小一全年學費：$35,310（分11期）
華語及非華語學生比例：/
最多學生入讀的三所中學：優才（楊殷有娣）書院

學校網址

學校優勢

- 小班教學，關愛每一位學生
- 平民化的學費提供較國際化的課程
- 每月一天「無功課日」

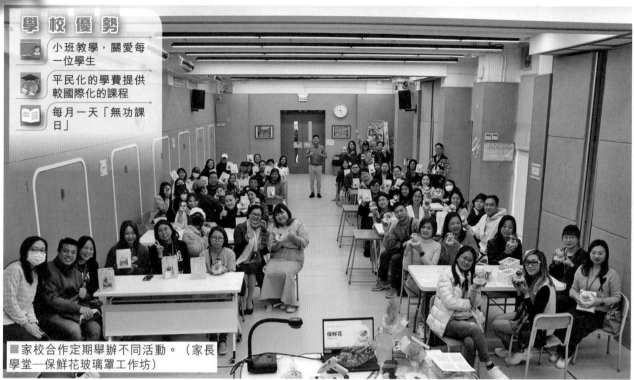

■ 家校合作定期舉辦不同活動。（家長學堂—保鮮花玻璃罩工作坊）

嶺南大學香港同學會小學
Lingnan University Alumni Association (Hong Kong) Primary School

照顧學生多樣性 創建正向人生

學校透過優化校本STEM課程，照顧學生學習的多樣性，並提高學習效能，以加強培養學生在科學、科技及數學的知識基礎，提升學生綜合與應用知識的能力。同時完善規劃電子學習，以提升學生自主學習的能力；發展「跨課程閱讀」、組織跨學科學習周及專題研習，讓學生整理及應用知識，並進行創意解難的學習活動。

品德教育方面，優化校本價值教育的規劃，在早會、午間活動分享有關社交情緒教育及正面價值觀的內容；提升學生的正面情感，鼓勵同學積極參與服務學習，以提升同理心及積極樂觀的態度。

面試須知

準備文件：最近證件相、出生證明文件副本、上年度成績表、課外活動證書、獲獎記錄（如適用）
語言：廣東話、英語、普通話
形式：首輪小組面試，所有申請人均有首輪面試機會
家長面試：有

面試貼士

「讓孩子做回孩子」，認同本校辦學理念，貫徹Happy Learning School宗旨，不催谷孩子。家長願意相信學校及與學校合作，展現孩子的才能、品德及正向的性格特徵。

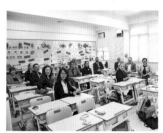
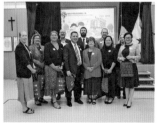

■ 紐西蘭校長團到訪（校方一直努力聯繫不同國家不同團體，為了給予孩子超越100分的學習體驗 尋覓更多學習機會 拓闊孩子的世界觀）

本學年的特別活動/成就

◎ STEM FUN DAY、到嶺南大學做一天大學生、西遊記之全方位學習週、北京/河南生活營、小六新加坡交流團、中華文化日、華服日、English Book Character Day、Talent show、校友盆菜宴、60周年校慶綜藝表演等。

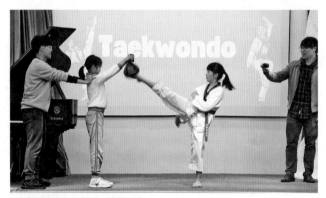
■ 紐西蘭老師到校示範課。

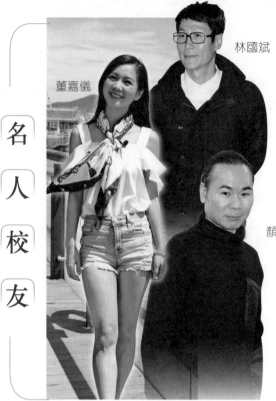

名人校友

董嘉儀　林國斌

顏聯武

教師學歷及專業培訓
（佔全校教師人數%）

教育文憑	碩士/博士或以上	學士	特殊教育培訓
100%	34%	100%	38%

預計
25/26學年
小一學額（人）

66人

學校資料

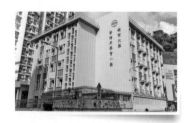

教學語言：中文、英文
創校年份：1964年
學校類別：直資
校監/學校管理委員會主席：梁延溢校監
學制：全日
校長：吳曉靈校長
收生性別：男女
宗教：基督教
是否已成立法團校董會：不適用
電話：2776 8453
辦學團體：嶺南大學香港同學會
地址：白田白田街33號

校訓：作育英才，服務社會。
學校佔地面積：約3,000平方米
校車服務：校車
一條龍中學：/
直屬中學：/
聯繫中學：/
家長教師會：有
舊生會/校友會：/
23/24小一全年學費：$17,340
華語及非華語學生比例：/
最多學生入讀的三所中學：/

Facebook

學校網址

私立小學概覽表

學校	地址	一條龍中學	直屬中學	聯繫中學	小一全年學費	教學規劃
安基司學校	錦田北高埔徑1號	/	/	/	$138,000（分10期）	融合國際及本地課程優勢，並採用現代「四識教學法」，以中、英語文、資訊科技和STEAM為重點作跨學科教學。
九龍真光中學（小學部）	窩打老道115號	/	/	九龍真光中學	$61,290（分10期）	採用香港教育局中央課程，按學生的能力、興趣和需要剪裁及調適，提供一個寬廣而平衡的課程，為學生提供多元化的學習經歷。
九龍塘宣道小學	九龍塘蘭開夏道2號地下至2樓部分及3樓至8樓全層	/	/	/	$59,450（分10期）	培養學生德、智、體、群、美、靈六育，提供優質之基督教全人教育；發掘學生體藝潛能、建立關愛文化，培養學生自理能力；按需要採取分組教學策略及建構校本課程。
拔萃女小學	佐敦道1號	拔萃女書院	/	/	$79,000（2024/25）	致力提供優質全人教育，以宣揚基督教信仰和承傳中國傳統文化。
九龍塘學校（小學部）	九龍塘金巴倫道舒梨里2721地段	/	/	/	$64,000	以普教中、以英語教常識，音樂、體育、視藝科專科專教；小一至小六普通話課及英語會話課設小班教學，另設科學研習課。
九龍禮賢學校	又一村石竹路2A	/	/	/	$54,900	以小組教學為主，着重因材施教，針對學生的強弱項，讓學生有機會在課堂上有信心表達自己。設奮進計劃，建立學生自我管理的能力，培養學習興趣。
民生書院小學	九龍城東寶庭道8號	/	民生書院	/	$59,950（分10期）	運用多元教學模式促進學生學習效益，如全方位學習、科技探究活動、合作學習、各類別活動及課外活動，以增加學生學習經驗、培養及提升高階思維能力。
玫瑰崗學校（小學部）	灣仔司徒拔道41號B	/	/	玫瑰崗中學	$78,000（分10期）	駐校學生輔導主任與老師共同照顧不同學習能力的學生，彼此包容，組織和諧校園。學校提供各種類型校內校外活動，強化學生的認知和溝通能力。
香港真光中學（小學部）	大坑道50號	/	/	香港真光中學	$60,000（分10期）	數學精英培訓；體育精英培訓：田徑、羽毛球、排球、跳繩及舞蹈；領袖訓練：童軍、學生會、風紀；中、英、數輔導班。
香港培正小學	九龍城窩打老道80號	/	香港培正中學	/	$61,400	以靈、德、智、體、群、美均衡發展達到基督教全人教育，培養學生追求「至善至正」的精神、人生觀及優良品德。
地利亞英文小學暨幼稚園	美孚新邨百老匯街84-86號	/	/	/	$35,500（分10期）	提供優質多元文化教育，及建立一個有利於發展多元智能、拓寬學生全球視野的學習環境。
國際基督教優質音樂中學暨小學	鑽石山蒲崗村道182號	國際基督教優質音樂中學暨小學	/	/	$60,000（分10期）	全港首間一條龍優質音樂中小學，提供基督教優質教育和優質音樂教育。
香港培道小學	馬頭涌福祥街3號	/	/	香港培道中學	$55,100（分10期）	透過遊戲學習，提升語文和聽說的能力，增加經驗；增設校本教材，提升學生語文素養、增強思維訓練；設多元活動，均衡發展。
高主教書院小學部	灣仔司徒拔道肇輝臺一號E	/	高主教書院	/	$55,000（分10期）	「正向高小天使」是學校全年發展的重點，配合不同的學習經驗及課堂活動，讓學生懂得欣賞自己和別人的強項，學會珍惜生命及感恩。
啟思小學	九龍塘牛津道2號A	/	啟思中學	/	$133,980（分10期）	糅合國際與本港教育模式，採用IB國際文憑配合本地課程。
啟基學校	界限街71號新翼	/	/	/	$69,800 (24/25)（分10期）	設立「學習支援組」為不同需要的學生提供更有效及適切的學習支援。特設「資優班」及安排學生參與校外資優活動。
崇真小學暨幼稚園	大埔道58號	/	基督教崇真中學	沙田崇真中學、崇真書院（屯門）	英文小學部：$61,200 / 國際小學部：$88,420	英文小學部採用本地課程；國際小學部採用國際課程，並加設法語及日語課程。高度重視閱讀及兩文三語，由龐大的地道英語教師及地道普通話教師團隊教授語文科。
救恩學校	西營盤高街97B	/	/	匯基書院（東九龍）	$65,000（分10期）	以基督教信仰為基礎，以愛和專業出發，發展學生能力和培養學生質素。設有校本課程，內容廣闊且具深度，切合兒童適齡發展之餘，着重培養探究和創造力；學校提供兩文三語學習環境。
聖三一堂小學	富寧街57號	/	/	聖公會聖三一堂中學	$55,000（分10期）	致力培育學生能具備共通能力、探究思維，基督教價值觀及國際視野，以迎向全球的挑戰，並為社會作出貢獻，榮神益人。
聖士提反書院附屬小學	赤柱黃麻角道30-32號	/	聖士提反書院	/	$92,500（分10期）	為了加強學生在英語及普通話的學習及應用，校方聘請了16位來自世界各地的外籍老師教授全校英文科及科學與健教科。

學校	地址	一條龍中學	直屬中學	聯繫中學	小一全年學費	教學規劃
聖方濟各英文小學	石硤尾街58號	/	/	/	$52,800 (分10期)	學校設有資優教育抽離式課程,供資優學生學習。此外,學校教師利用濃縮課程方法,培養學習能力特強的學生。
聖母小學	黃大仙 沙田坳道116號	/	聖母書院	/	$42,000	忠於天主教教育原則及母佑會辦學精神,以仁愛、理智、宗教的方式,致力發展學生全人的教育,培養青少年積極進取的精神。
聖保祿學校 (小學部)	銅鑼灣 禮頓道140號	/	聖保祿學校	/	$55,000 (分10期)	主題教學及運用多種智能設計課室活動。
聖若望英文書院 (小學部)	九龍塘 窩打老道143號	/	/	/	$73,000 (分10期)	學校通過持續觀察學生的課堂表現、課後功課、學業及日常行為評估等方式來跟進所有學生的進展程度。
聖若瑟英文小學	觀塘道57號	/	聖若瑟英文中學	/	$48,900 (分10期)	透過語境及日常課程,學生學習使用英語、普通話及廣東話。英語教授英文、數學、常識;普通話教授中文;廣東話教授其他科目。
聖嘉勒小學	般咸道 光景台3-6號	/	聖嘉勒女書院	/	$51,000 (分10期)	推行「兩文三語」,另設法文課,提升學生的語言能力。
聖類斯中學 (小學部)	第三街179號C座	/	聖類斯中學	/	$48,800 (分10期)	每課節40分鐘,讓學生多進行小組討論。老師照顧個別學習差異學生,配合不同的學習需要和目標。推行不同主題比賽及跨課程的專題研習。
嘉諾撒聖心學校私立部	中環堅道34號	/	嘉諾撒聖心書院	/	$51,120 (分10期)	各科均作個別課程調適,切合學生能力;為資優學生提供適切的資優課程。
德望小學暨幼稚園 (小學部)	扎山道 381至383號	/	/	/	$43,400 (分10期)	各科教師因應學生的能力及時代需求剪裁及調適課程。
激活英文小學	天水圍天龍路9號 嘉湖山莊美湖居A座	/	/	/	$111,100 (分11期)	中英文科全面採用自編課程,為學生提供最適切的學習內容。英文及綜合常識科進行主題式課程統整。
蘇浙小學	北角清華街30號	/	/	/	$50,500 (分10期)	靈活運用課時進行輔導或活動;為學生安排校外學習及教育營等;設有閱讀獎勵計劃;著重單元設計及專題研習。
弘立書院	薄扶林 鋼綫灣道1號	弘立書院	/	/	$221,130 (分10期)	習得流利普通話和英語;教授「八德一智」的價值觀;培養學生的好奇心、批判性思維及終身熱愛學習;「體驗學習」培育生活技能。
保良局蔡繼有學校	琵琶山 郝德傑道6號	保良局蔡繼有學校	/	/	$99,825 (24/25,分11期)	實行小組輔導,同級同科老師作教學,讓老師更了解學生所需,輔以適切的照顧。學校為有需要的學生開設課前及課後補習班。
保良局建造商會學校	天后廟道62號	/	/	/	$119,100	提供國際文憑課程,透過跨學科、探究式課程框架栽培學生。
香島華德福學校	堅尼地城 士美菲路71-77號 嘉輝花園地下	/	/	/	$136,600 (分11期)	華德福教育透過具有「意志、情感、思想」的全人課程,致力培育學生的韌力、創意、求知慾及社交能力。
香港威雅學校	香港仔田灣街17號	/	/	/	$188,000	除正規課程外,設有多項課外活動以培養學生的多元發展。
晉德學校	銅鑼灣 加路連山道77號	晉德學校(預計2021/22落成)	/	/	$152,000 (分10期)	雙語沉浸國際化校本課程,配合資優教育元素,學生將精通中、英語文,並以之作為發展探究思維,建立有效的學習策略。
香港道爾頓學校	海輝道 10號瓏璽地下	/	/	/	$195,800 (分11期)	學校鼓勵創新,培養S.T.E.A.M. 綜合技能,採用漸進式教學模式,並高度重視批判性思維、協作、溝通和創造力等21世紀技能的培養。
德萃小學	大埔運頭街6號	大光德萃書院	/	/	$88,946	正規課程加上廣泛的活動,豐富學生的學習經驗,鍛煉其多元智能。
滬江維多利亞學校	香港仔深灣道19號	滬江維多利亞學校	/	/	$158,300 (分10期)	提供包括小學、中學及大學預科項目課程的國際文憑學校。
基督教香港信義會啟信學校	元朗安信街10號	/	/	/	$64,000 (分10期)	學校語境豐富,學生兩文三語表達能力優秀,並享受從活動中學習的樂趣。
英藝小學暨幼稚園	天水圍天水圍市地段第2號餘段 嘉湖山莊賞湖居地下及1樓	/	/	/	$85,800 (分11期)	學校致力提供多元化環境,發掘學生音樂、體育及藝術潛能,為學生提供優質全人教育。

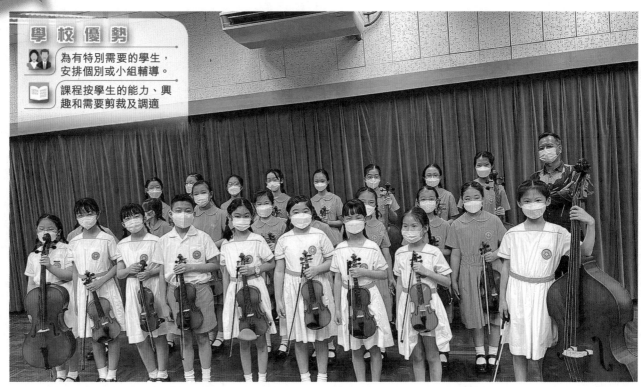

九龍真光中學（小學部）
Kowloon True Light School

發揮潛能為世之光

學校辦學宗旨是以締造愉快的學習環境，鼓勵學生好學成長，發揮個人潛能，建立健全人格以及為世之光。而且校風淳樸，師生可以在和諧愉快環境中享受校園生活，對於低年級的學生，學校亦會安排高年學生協助照顧，彼此關愛。

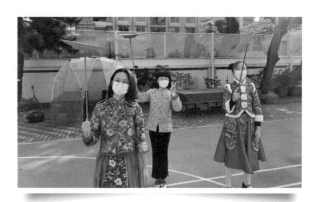

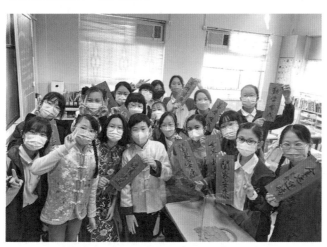

面試須知

面試語言：根據考生母語而定廣東話、英語或普通話。
家長面見：以個別家庭面見形式。

面試貼士

面試內容圍繞兒童日常生活，小朋友只需如常表現自己，積極參與，讓老師與小朋友正常互動即可，切勿增加孩子壓力，以免影響表現。

全方位學習活動

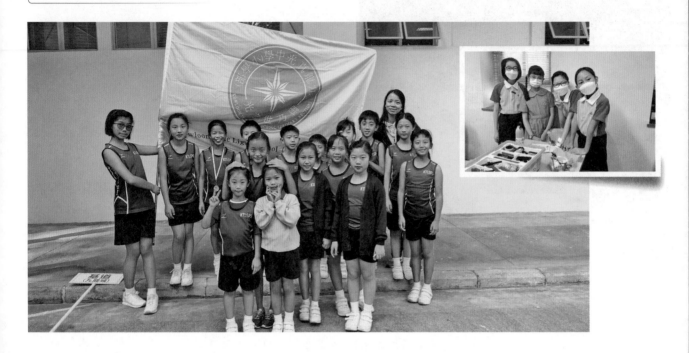

教師學歷及專業培訓
（佔全校教師人數%）

| 教育文憑 100% | 碩士/博士或以上 33% | 學士 100% | 特殊教育培訓 33% |

預計
25/26學年
小一學額（人）

沒有提供

學校資料

教學語言：中文及英文
創校年份：1872年
學校類別：私立
校監／學校管理委員會主席：陳志堅
學制：全日
校長：林翠屏
收生性別：男女
宗教：基督教
是否已成立法團校董會：不適用
校訓：爾乃世之光
辦學團體：中華基督教會香港區會
地址：九龍塘窩打老道115號

電話：2336 0662
學校佔地面積：約1,400平方米
校車服務：保姆車
一條龍中學：／
直屬中學：／
聯繫中學：九龍真光中學
家長教師會：有
舊生會／校友會：有
23/24小一全年學費：$61,290（分10期）
首三志願學校比率：100%
最多學生入讀的三所中學：九龍真光中學

學校網址

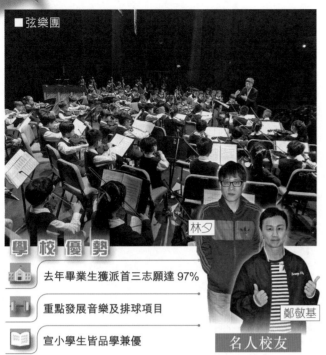

■弦樂團

林夕

鄭敬基

名人校友

學校優勢

去年畢業生獲派首三志願達 97%

重點發展音樂及排球項目

宣小學生皆品學兼優

培養學生六育 發掘體藝潛能

學校培養學生德、智、體、群、美、靈六育，提供優質之基督教全人教育，並按需要採取分組教學策略及建構校本課程，照顧學生學習差異。此外亦會發掘學生體藝潛能、建立關愛文化，培養學生自理能力、提昇學生個人涵養。

面試須知

面試語言：粵語、英語。
面試形式：每年11月進行實體面試，12月公佈面試結果。收生準則以面試表現、校內成績、課外活動及操行為考慮因素。

面試貼士

第一次面試評估學生中、英文等基礎能力，及觀察學生禮貌、品格及態度。

九龍塘宣道小學
Alliance Primary School Kowloon Tong

教師學歷及專業培訓
（佔全校教師人數%）

教育文憑	碩士／博士或以上	學士	特殊教育培訓
100%	35%	100%	10%

預計
25/26學年
小一學額（人）
168人

學校資料

教學語言：粵語、國語、英語
創校年份：1955年
學校類別：私立
校監／學校管理委員會主席：趙黃素珍女士
學制：全日
校長：吳麗芬女士
收生性別：男女
宗教：基督教
是否已成立法團校董會：不適用
校訓：敬畏耶和華是智慧的開端，
　　　認識至聖者便是聰明。
辦學團體：香港九龍塘基督教中華宣道會

地址：九龍塘蘭開夏道2號
電話：3443 0100
學校佔地面積：約7,022平方米
校車服務：有
一條龍中學：/
直屬中學：/　　聯繫中學：/
家長教師會：沒有
舊生會／校友會：有
23/24小一全年學費：$59,450（分10期）
華語及非華語學生比例：100%華語學生
最多學生入讀的三所中學：
拔萃男書院、喇沙書院、德望學校

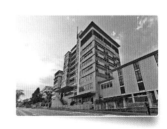

學校網址

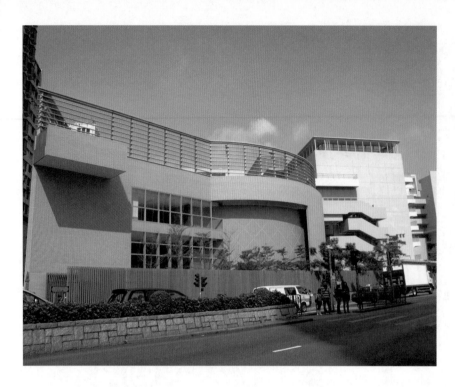

校風純樸 學習氣氛濃厚

學校校風純樸,學習氣氛濃厚,並致力提供優質的全人教育,以宣揚基督教信仰和承傳中國傳統文化,為學生締造一個理想的學習環境。

學校優勢

- 與一條龍中學拔萃女書院緊密銜接
- 安排中一的學姊與六年級的學妹見面,解答疑難
- 開拓資優計劃和強化課程

拔萃女小學
Diocesan Girls' Junior School

教師學歷及專業培訓
(佔全校教師人數%)

教育文憑	碩士/博士或以上	學士	特殊教育培訓
88%	46%	100%	14%

預計
25/26學年
小一學額(人)

沒有提供

學校資料

教學語言:英文
創校年份:1860年
學校類別:私立
校監/學校管理委員會主席:余嘉寶
學制:全日
校長:李安麗
收生性別:女
宗教:基督教
是否已成立法團校董會:不適用
校訓:勵志揚善
辦學團體:拔萃女書院校董會

地址:佐敦佐敦道1號
電話:2277 9200
學校佔地面積:約13,000平方米
校車服務:有
一條龍中學:拔萃女書院
直屬中學:/
聯繫中學:/
家長教師會:有
舊生會/校友會:有
23/24小一全年學費:$75,000

學校網址

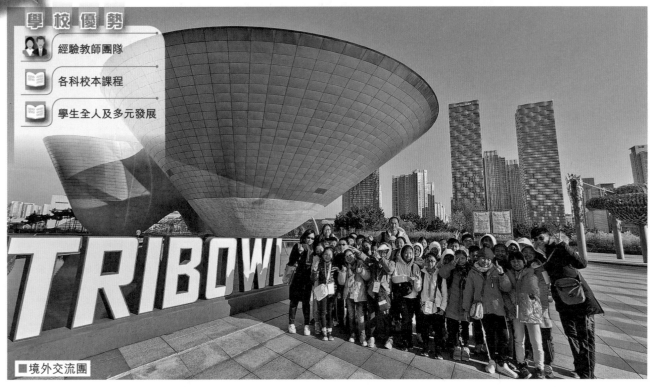

■境外交流團

九龍塘學校（小學部）
Kowloon Tong School (Primary Section)

建立健康生活模式 發揮學生潛能

完善各項校本課程，推動STEAM及資優教育，並加強領袖培訓；建立健康校園，致力為學生建立健康的生活模式；提倡自信教育及自主學習，為學生創造機會，提供有意義的學習經，發揮學生潛能。

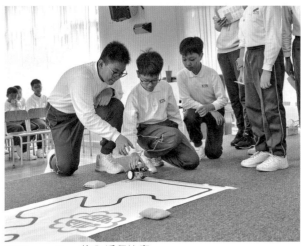

■Steam Day 校內編程比賽

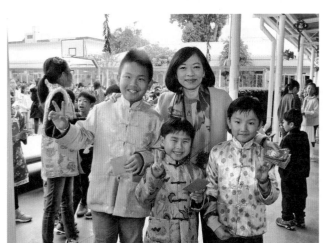

■中國文化日

面試須知

面試語言：粵語及英語

面試形式：提問

家長面見：有

本學年的特別活動/成就

◎ 自2001年度起，本校學生共16次獲選九龍城區
  傑出學生獎（小學組）

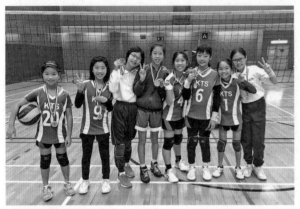
■ 排球運動校隊

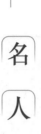
名人校友

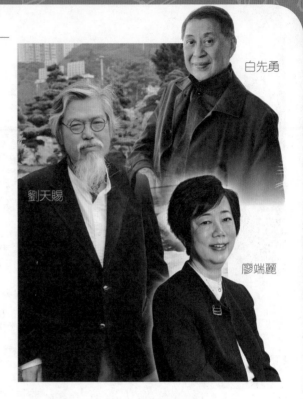
白先勇

劉天賜

廖端麗

教師學歷及專業培訓
（佔全校教師人數%）

教育文憑	碩士/博士或以上	學士	特殊教育培訓
100%	43%	100%	66%

預計
25/26學年
小一學額（人）

160人

學校資料

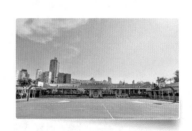

教學語言：粵話、國語、英語
創校年份：1936年
學校類別：私立
校監/學校管理委員會主席：鮑文宜
學制：全日
校長：梁綺華
收生性別：男女
宗教：沒有
是否已成立法團校董會：不適用
校訓：勤慎禮儉
辦學團體：九龍塘學校
地址：九龍塘金巴倫道2721地段

電話：2336 3802
學校佔地面積：約9011.6平方米
校車服務：有
一條龍中學：/
直屬中學：/
聯繫中學：/
家長教師會：有
舊生會/校友會：有
23/24小一全年學費：$ 64,000
華語及非華語學生比例：/
最多學生入讀的三所中學：
喇沙書院、德望學校、銀禧中學

學校網址

學校優勢

- 非常好的師生關係
- 家校溝通及合作
- 優質的教學質素各科校本課程

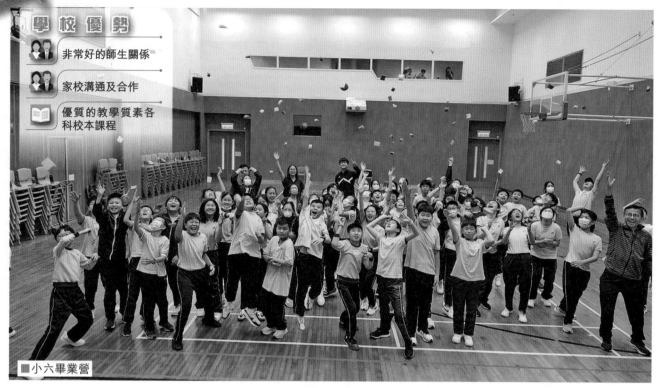

■小六畢業營

九龍禮賢學校
Kowloon Rhenish School

發展價值觀教育 建立良好品德

學校重點發展價值觀教育，配合幼小銜接及關愛的文化，讓學生建立良好的品德及喜愛上學。在學術方面，將重點發展STEAM教育，以全方位學習模式，帶學生走出教室，擴闊學習領域。培養學生閱讀的興趣，建立閱讀文化，也是學校重點發展項目之一。

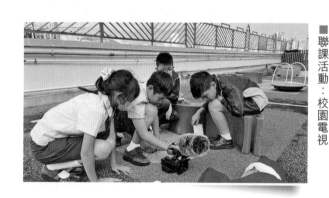

■聯課活動：校園電視

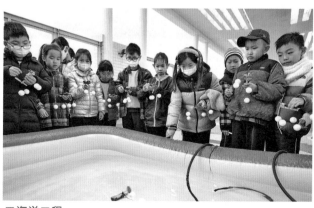

■海洋工程

面試須知

面試語言：粵語及英語
面試形式：小組面談
家長面見：沒有

面試貼士

以K2已有知識為面談內容，鼓勵考生聆聽及回答老師的提問。

本學年的特別活動/成就

設立自主學習平台，鼓勵學生發揮個人潛能，將成果與人分享。榮獲全港學界狀元爭霸戰2023狀元學府大獎及多個學界游泳及田徑獎項等。

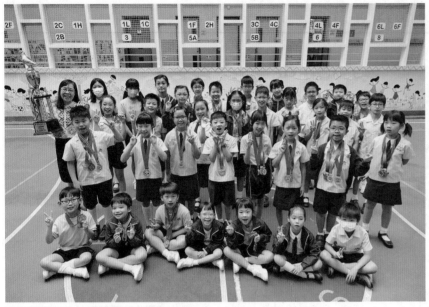

■全港學界狀元爭霸戰

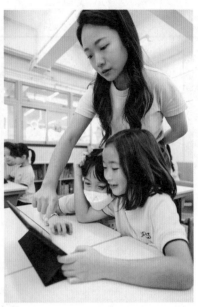

■ESL上課情況

教師學歷及專業培訓
（佔全校教師人數%）

教育文憑	碩士/博士或以上	學士	特殊教育培訓
100%	28%	100%	3%

預計
25/26學年
小一學額（人）

120人

學校資料

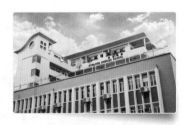

教學語言：中文、英文
創校年份：1959年
學校類別：私立
校監/學校管理委員會主席：鄧少軒長老
學制：全日
校長：蘇吳玉英女士
收生性別：男女
宗教：基督教
是否已成立法團校董會：不適用
校訓：敬畏耶和華是智慧的開端
辦學團體：中華基督教禮賢會九龍堂
地址：九龍塘又一村石竹路2A

電話：2380 6011
學校佔地面積：約4,207平方米
校車服務：校車
一條龍中學：/
直屬中學：/
聯繫中學：/
家長教師會：/
舊生會/校友會：有
23/24小一全年學費：$54,900（分10期）
華語及非華語學生比例：/
最多學生入讀的三所中學：
迦密中學、上智英文書院、培基書院

YouTube

學校網址

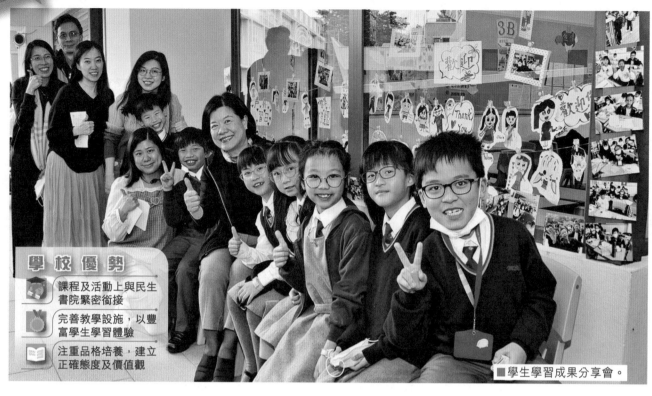

學校優勢

- 課程及活動上與民生書院緊密銜接
- 完善教學設施,以豐富學生學習體驗
- 注重品格培養,建立正確態度及價值觀

■學生學習成果分享會。

民生書院小學
Munsang College Primary School

體驗式學習 促進學生發展

運用多元學習模式,以照顧學生不同學習需要,並透過多方的學習歷程活動,如全方位學習、科技探究活動、航空航天體驗及各式各樣的課外活動,讓學生從體驗式學習,增強高階思維能力及邏輯力,促進創造力。

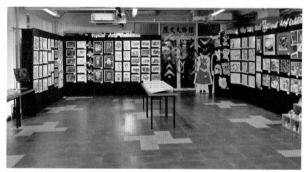

■視覺藝術作品展覽

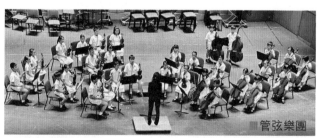

■管弦樂團

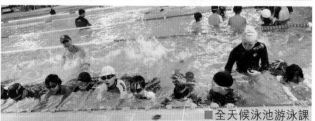

■全天候泳池游泳課

面試語言:粵語。
面試形式:小組活動及個人面談。
家長面見:沒有。

本學年的特別活動/成就

◎ 學生在朗誦、數理、運動、視藝等範疇的校際
　及對外比賽各展所長，獲獎無數。

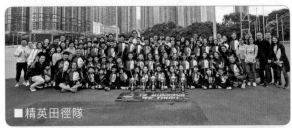
■ 精英田徑隊

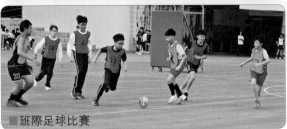
■ 班際足球比賽

名人校友

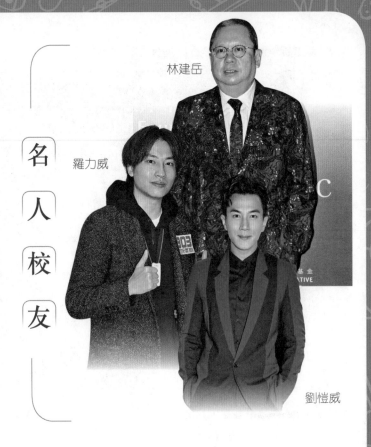

林建岳

羅力威

劉愷威

教師學歷及專業培訓
（佔全校教師人數%）

教育文憑	碩士/博士或以上	學士	特殊教育培訓
98.4%	36.5%	98.4%	7.8%

預計
25/26學年
小一學額（人）

266人

學校資料

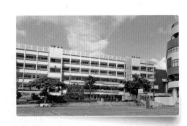

教學語言：中文及英文
創校年份：1926年
學校類別：私立
校監／學校管理委員會主席：郁德芬博士
學制：全日
校長：梁桂英
收生性別：男女
宗教：基督教
是否已成立法團校董會：不適用
校訓：光與生命、人人為我，我為人人
辦學團體：民生書院（辦學團體）有限公司
地址：九龍城東寶庭道8號

電話：3655 3400
學校佔地面積：約15,600平方米
校車服務：沒有
一條龍中學：／
直屬中學：民生書院
聯繫中學：／
家長教師會：沒有
舊生會／校友會：有
23/24小一全年學費：$59,950
華語及非華語學生比例：／
最多學生入讀的三所中學：民生書院

Facebook

學校網址

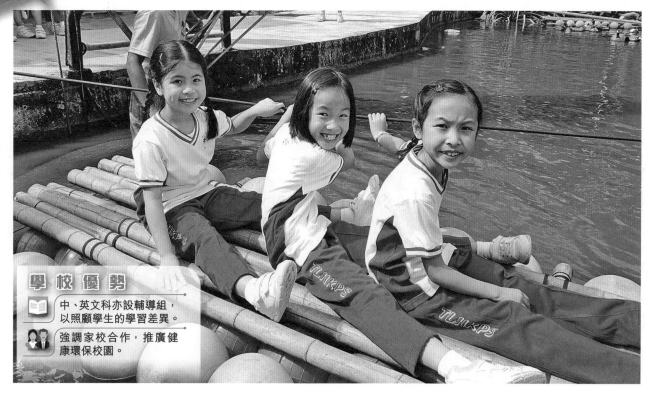

學校優勢

- 中、英文科亦設輔導組，以照顧學生的學習差異。
- 強調家校合作，推廣健康環保校園。

香港真光中學（小學部）
True Light Middle School of Hong Kong (Primary Section)

幫助學生明辨是非 提升學生高階思維

學校以基督化全人教育為目標，除傳授知識外，更幫助學生明辨是非，培養良好品格，服務社會，實踐校訓「爾乃世之光」的精神。此外，學校致力提升學生高階思維技巧、表達能力與態度、正面價值觀及「標準真光兒女」的內涵。

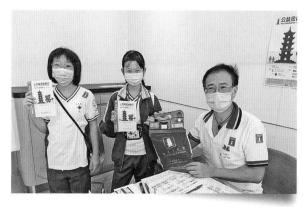

面試須知

面試語言：粵語。
面試形式：考生與主考老師單獨面談，家長則在禮堂收看學生生活片段和等候。
家長面見：沒有

面試貼士

自然自信作答，不必操練。

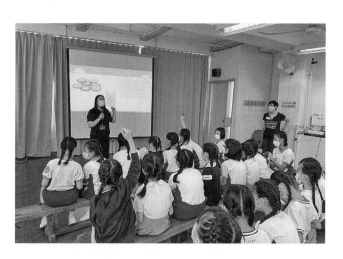

全方位學習活動

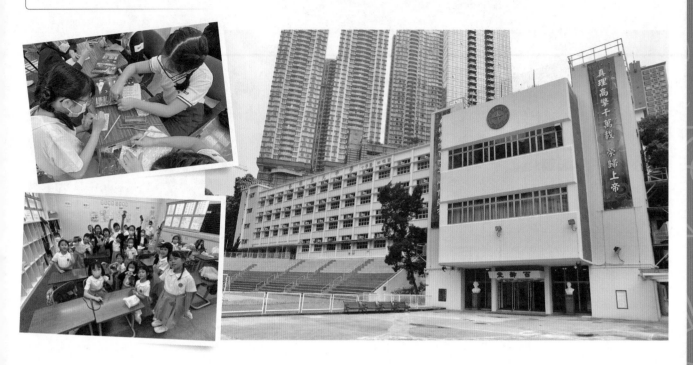

教師學歷及專業培訓
（佔全校教師人數%）

教育文憑	碩士/博士或以上	學士	特殊教育培訓
100%	35%	100%	0%

預計
25/26學年
小一學額（人）

沒有提供

學校資料

教學語言：中文
創校年份：1872年
學校類別：私立
校監／學校管理委員會主席：李正儀博士
學制：全日
校長：戴詠賢博士
收生性別：男女
宗教：基督教
是否已成立法團校董會：不適用
校訓：爾乃世之光
辦學團體：香港真光中學校董會

地址：大坑大坑道50號
電話：2576 5716
學校佔地面積：約30,000平方米
校車服務：有
一條龍中學：／
直屬中學：／
聯繫中學：香港真光中學
家長教師會：有
舊生會／校友會：有
23/24小一全年學費：$60,000（分10期）

學校網址

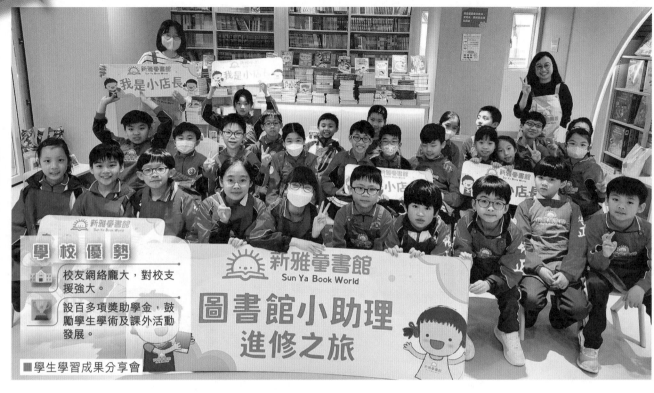

學校優勢
- 校友網絡龐大，對校支援強大。
- 設百多項獎助學金，鼓勵學生學術及課外活動發展。

■學生學習成果分享會

香港培正小學
Pui Ching Primary School

追求「至善至正」達致基督教全人教育

以靈、德、智、體、群、美均衡發展達致基督教全人教育，培養學生追求「至善至正」的精神、人生觀及優良品德。另外又透過多元化教學策略及模式，啟發學生潛能，促進學生探索、自我建構知識，以培養自主學習能力。同時有系統的STEM教學策略，亦有助發展學生創意、解難能力及高階思維，帶學生走出課室，透過接觸實際環境和交流，拓展學生學習空間、擴闊學生的國際視野。

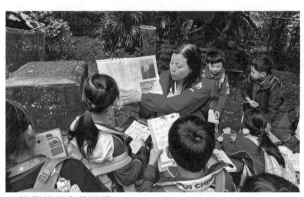

■視覺藝術作品展覽

面試須知
面試形式：個人面試
家長面見：沒有

面試貼士
透過唱遊、遊戲及日常生活提問，觀察學童敏覺性及各種能力，包括觀察力、創意、身體協調等

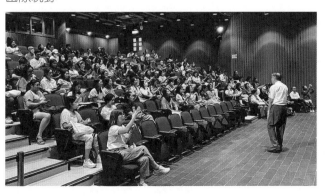

本學年的特別活動/成就

◎ 小學校際賽及全港小學校際賽：多項團體 冠軍
◎ 科學創作比賽屢獲佳績
◎ 連續多屆全港具代表性傑出學生代表，包括：
　小太空人、小特首、飛龍大使及九龍城傑出學
　生等

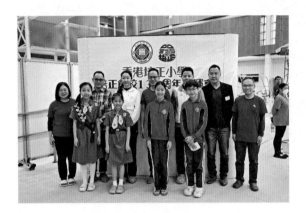

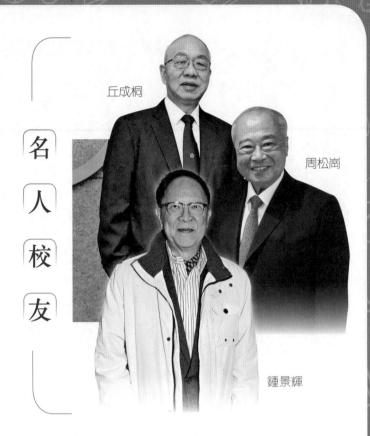

名人校友

丘成桐

周松崗

鍾景輝

教師學歷及專業培訓
（佔全校教師人數%）

教育文憑	碩士/博士或以上	學士	特殊教育培訓
100%	26%	100%	15%

預計
25/26學年
小一學額（人）

320人

學校資料

教學語言：中文
創校年份：1889年
學校類別：私立
校監/學校管理委員會主席：王寧添博士
學制：全日
校長：葉展漢校長
收生性別：男女
宗教：基督教
是否已成立法團校董會：不適用
校訓：至善至正、你要謹守聽從我所吩咐
　　　的一切話，行耶和華你神眼中看為
　　　善，看為正的事。這樣，你和你的
　　　子孫就可以永遠享福。

辦學團體：香港浸信會聯會
地址：何文田窩打老道80號
電話：2714 2562
學校佔地面積：約 6,600平方米
校車服務：有
一條龍中學：/
直屬中學：香港培正中學
聯繫中學：/
家長教師會：有
舊生會/校友會：有
23/24小一全年學費：$61,400
華語及非華語學生比例：/

最多學生入讀的三所中學：
香港培正中學

Facebook

學校網址

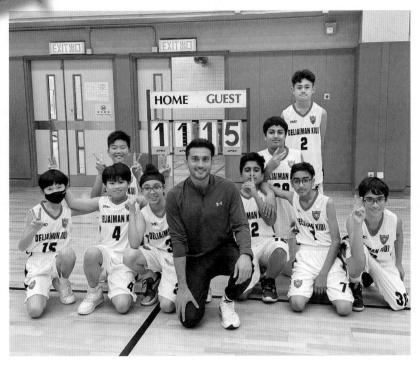

多元文化融合

學校推行校本課程,因材施教發展學生專長。班級教學模式上,初小推行小班教學,並且設有功課督導班,以小組及個別形式進行輔導,另亦開辦課餘功課輔導班,提升學習信心。此外,設有小老師計劃,發揮學生朋輩互助和切磋的精神。除了為新生提供適應班外,暑假亦會為學生舉辦多元化活動。

學校優勢

 可為學生安排增潤課程、抽離式支援及拔尖補底學習。

 為非華語學生提供中文調適課。

地利亞英文小學暨幼稚園
Delia English Primary School & Kindergarten

教師學歷及專業培訓
(佔全校教師人數%)

教育文憑	碩士/博士或以上	學士	特殊教育培訓
96%	14%	100%	0%

預計
25/26學年
小一學額(人)

沒有提供

學校資料

教學語言:英文
創校年份:1965年
學校類別:私立
校監/學校管理委員會主席:左筱霞
學制:全日
校長:左筱霞
收生性別:男女
宗教:不適用
是否已成立法團校董會:不適用
校訓:積極奮進,和而不同
辦學團體:地利亞教育機構

地址:美孚新邨百老匯街84-86號
電話:2742 2027
學校佔地面積:約2,500平方米
校車服務:有
一條龍中學:/
直屬中學:/
聯繫中學:/
家長教師會:無
舊生會/校友會:有
23/24小一全年學費:$35,500(分10期)

學校網址

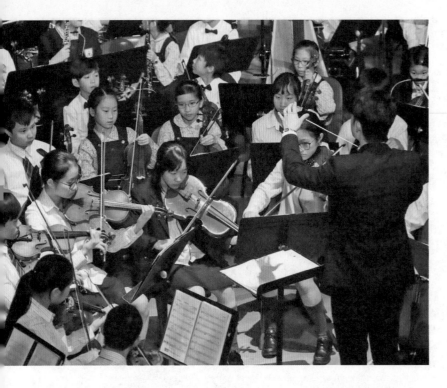

因材施教 培育身心靈

　　國際基督教優質音樂中學暨小學是全港首間一條龍優質音樂中小學，提供基督教優質教育和優質音樂教育，使學生在聖經真理及音樂的薰陶下，不但有良好的學術修養、豐富的創意，更有良好的音樂文化氣質、道德操守、使命感，願意獻身社會及教會。

學校優勢

 拔尖補底的教學策略，幫助不同學生。

 按學生程度作分組教學及課程調適

國際基督教優質音樂中學暨小學
International Christian Quality Music Secondary and Primary School

教師學歷及專業培訓
（佔全校教師人數%）

教育文憑	碩士/博士或以上	學士	特殊教育培訓
90%	31%	100%	5%

預計
25/26學年
小一學額（人）

沒有提供

學校資料

教學語言：中文（包括普通話）及英文
創校年份：2003年
學校類別：私立
校監／學校管理委員會主席：梁耀權
學制：全日
校長：陳永生博士
收生性別：男女
宗教：基督教
是否已成立法團校董會：不適用
校訓：歌羅西書三章十六節
辦學團體：香港國際音樂學校

地址：鑽石山蒲崗村道182號
電話：2777 3828
校訓：歌羅西書三章十六節
學校佔地面積：約6,600平方米
校車服務：有
一條龍中學：國際基督教優質音樂中學暨小學
直屬中學：／
聯繫中學：／
家長教師會：有
舊生會／校友會：有
23/24小一全年學費：$60,000（分10期）

學校網址

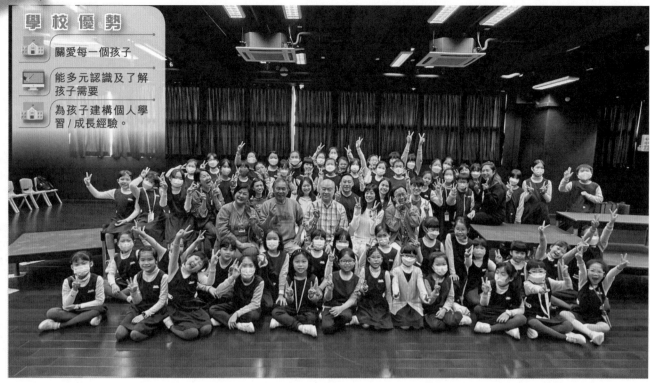

學校優勢

- 關愛每一個孩子
- 能多元認識及了解孩子需要
- 為孩子建構個人學習／成長經驗。

香港培道小學
Pooi To Primary School

認識自我 建立全人發展

促進學生自主學習，透過多元的學習與活動，讓學生認識自己，建立自信及與人溝通的能力。建立全人發展，與孩子們共同發展，成為德、智、體、群、美、靈健康成長的新一代。

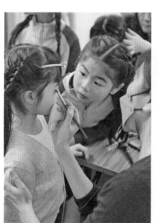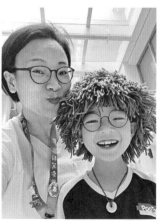

面試須知

考生進入校園，會先進行一些輕鬆的活動，讓孩子適應環境。

面試語言：按考生母語

面試形式：會個別與老師交談。家長可留意每年學校的簡介會及面試通知書的資料。

家長面見：沒有

面試貼士

面試是家長與孩子同行的一次重要經驗，家長與孩子可以更深入彼此發現和了解。家長對孩子的支持與信任十分重要。鼓勵家長多欣賞，讓孩子享受面試。完成面試，齊齊吃雪糕，慶祝大家一齊完成了一次家庭任務。不要因為面試，或者面試結果，少看了孩子的能力。

本學年的特別活動/成就

學生於音樂、藝術、體育及各學科之國際性或本地學界比賽取得卓越成就：

◎ 曼谷競技體操國際邀請賽2024：3銀1銅
◎ IYACC 第十六屆國際公開繪畫大賽：1金2銀3銅
◎ 新星復活盃兒童田徑錦標賽：
　2013年組跳遠亞軍
◎ 華夏盃2024：一等獎、三等獎
◎ Junior Entrepreneur Elevator Pitch Challenge
　2024：Semi-Finalist
◎ AIMO港澳盃初賽2024：銅獎
◎ 2023-2024全港小學校際劍擊邀請賽：
　男子花劍乙組團體賽季軍、個人獎第五名

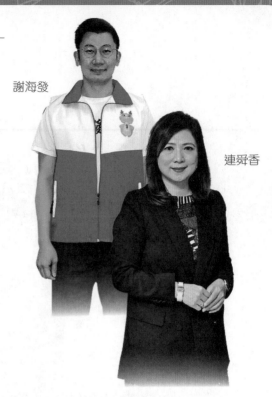

名人校友

謝海發

連舜香

林玉棋、章佳潔、石濟民

教師學歷及專業培訓
（佔全校教師人數%）

教育文憑	碩士/博士或以上	學士	特殊教育培訓
一%	29%	71%	一%

預計
25/26學年
小一學額（人）

140人

學校資料

教學語言：粵話及英語
創校年份：1888年
學校類別：私立
校監/學校管理委員會主席：曾家求
學制：全日
校長：陳敏儀女士
收生性別：男女
宗教：基督教
是否已成立法團校董會：不適用
校訓：愛誠貞毅
辦學團體：香港浸信會聯會
地址：馬頭涌福祥街3號

電話：2711 2933
學校佔地面積：約2,200平方米
校車服務：有
一條龍中學：/
直屬中學：/
聯繫中學：香港培道中學
家長教師會：有
舊生會/校友會：有
23/24小一全年學費：$55,100（分10期）
華語及非華語學生比例：/
最多學生入讀的三所中學：香港培道中學

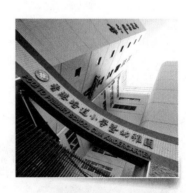

Facebook

學校網址

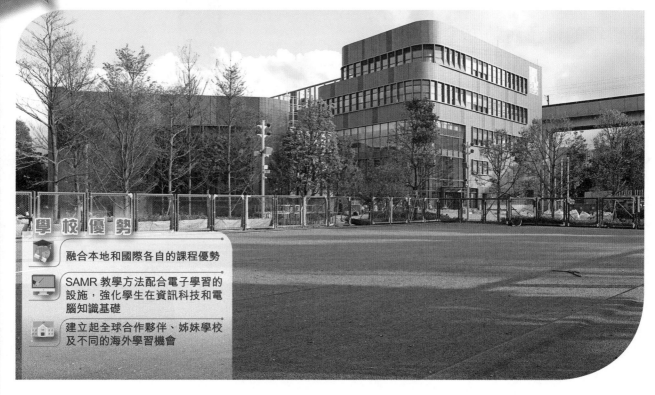

學校優勢

- 融合本地和國際各自的課程優勢
- SAMR 教學方法配合電子學習的設施，強化學生在資訊科技和電腦知識基礎
- 建立起全球合作夥伴、姊妹學校及不同的海外學習機會

安基司學校
Anchors Academy

以港版劍橋為目標 培養21世紀學習能力

學校教學採用現代「四識教學法」——以中、英語文、資訊科技和STEAM為重點作跨學科教學。舉例，英文課程着重口語和寫作技巧，並鼓勵學生廣泛閱讀以擴大詞彙量，並建立對語法和語言運用的深刻理解。之後以英語為母語的教師會經常與學生交流，讓學生沉浸於英語學習環境中，以及有實踐運用的機會，從而提升他們的英語溝通能力。

校方課程亦切合新時代發展，加入了計算、電子系統和程式編寫等原理，盡早開拓學生編程、動畫、視頻和VR/AR等技術的視野，令學生將具備二十一世紀必備的學習能力。

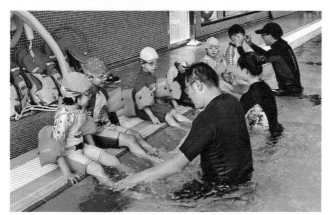

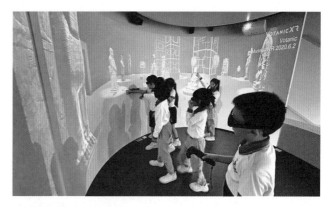

面試須知

面試語言：英語及國語。
面試形式：小組活動
家長面見：個別面談。

全方位學習活動

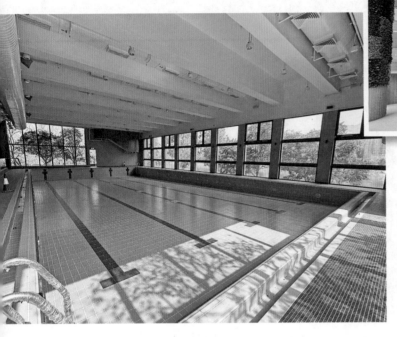
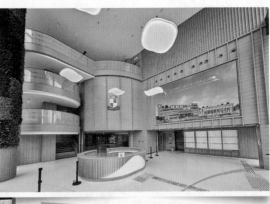
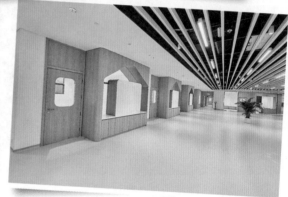

教師學歷及專業培訓

　　學校擁有一支令人引以為傲的高質素，同時又德才兼備的教師團隊，致力令學生投入學習。其教學團隊均為持有教師資格的大學畢業生，當中很多擁有碩士學位。此外，學校的教學助理均是有志成為教師的夥伴，用心教導和照顧每位學生。

　　此外，安基司學校亦為教學團隊提供全面的支援，不斷提升他們在課堂上的專業技能，同時支援學生的身心健康。所有教師均須考獲Apple Teacher和Google Certified Educator資格，以便能夠將最佳的技術和21世紀技能融入課堂。教師亦可參加急救證書課程或學生心理健康證書課程，以照顧每位學生的需要。

學校資料

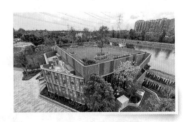

教學語言：英文（普通話）
創校年份：2023年
學校類別：私立
校監／學校管理委員會主席：蔡李惠莉博士
學制：全日
校長：唐家福
收生性別：男女
宗教：沒有提供
是否已成立法團校董會：有
校訓：立志　博學　求敏
辦學團體：安基司教育

地址：錦田北高埔徑1號
電話：3860 5605
學校佔地面積：逾11萬平方呎
校車服務：有
一條龍中學：籌備中
直屬中學：／
聯繫中學：／
家長教師會：不適用
舊生會／校友會：不適用
24/25小一全年學費：$138,000（分10期繳交）

學校網址

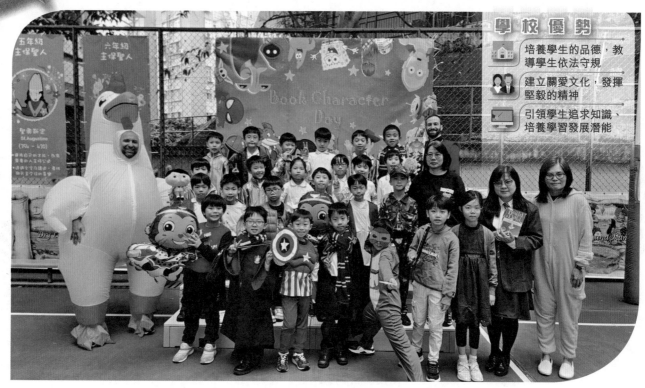

學校優勢

- 培養學生的品德，教導學生依法守規
- 建立關愛文化，發揮堅毅的精神
- 引領學生追求知識、培養學習發展潛能

高主教書院小學部
Raimondi College Primary Section

全方位教學 培養良好品德

學校注重高階思維學習，於各學科滲入不同思維訓練模式，讓學生能融會貫通及運用在各學科的知識中。學校積極培育學生正確的人生價值觀。「正向高小天使」是學校全年發展的重點，配合不同的學習經驗及課堂活動，讓學生懂得欣賞自己和別人的強項，學會珍惜生命及感恩。

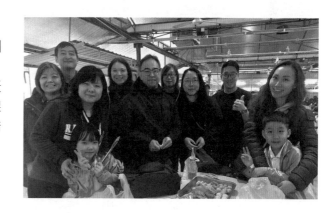

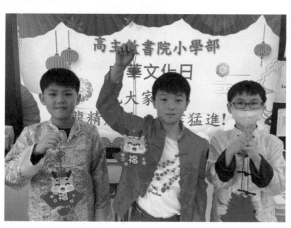

面 試 須 知

面試語言：粵語、英語、國語。
家長面見：有。

面 試 貼 士

了解小朋友的組織能力、理解能力及語言表達；
觀察小朋友專注及能否主動積極回應；
面試題目圍繞小朋友的日常生活，興趣及嗜好。

本學年的特別活動/成就

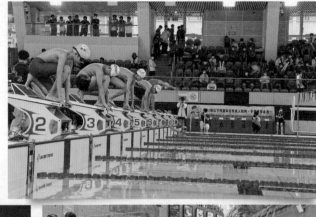

◎ 聯校音樂大賽2024弦樂團(小學組)比賽 金獎
◎ 第75屆香港學校朗誦節普通話集誦 亞軍
◎ 2023-2024港島東區小學校際足球比賽 冠軍
◎ 2023-2024港島東區小學校際羽毛球比賽 亞軍
◎ 2023-2024港島東區小學校際排球比賽 季軍
◎ 全港兒童單車大賽（越野賽錦標賽）冠軍

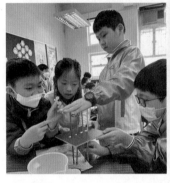
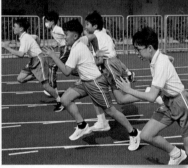
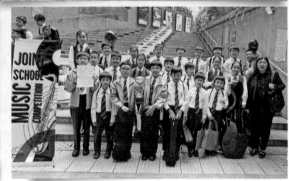

教師學歷及專業培訓
（佔全校教師人數%）

教育文憑	碩士/博士或以上	學士	特殊教育培訓
83.7%	22.5%	95.9%	—%

預計
25/26學年
小一學額（人）

160人

學校資料

教學語言：粵語、國語、英語
創校年份：1958年
學校類別：私立
校監/學校管理委員會主席：盧詠琴
學制：全日
校長：林銀燕
收生性別：男女
宗教：天主教
是否已成立法團校董會：不適用
校訓：堅毅力行
辦學團體：天主教香港教區

地址：灣仔司徒拔道肇輝臺一號E
電話：2522 1826
學校佔地面積：約8,118平方米
校車服務：有
一條龍中學：/
直屬中學：高主教書院
聯繫中學：/
家長教師會：有
舊生會/校友會：有
23/24小一全年學費：$55,000

學校網址

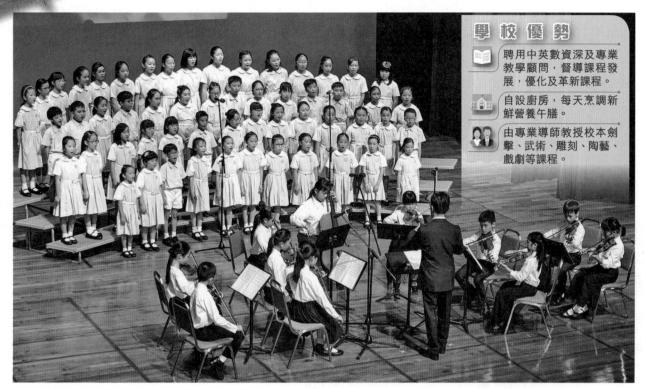

學校優勢

- 聘用中英數資深及專業教學顧問，督導課程發展，優化及革新課程。
- 自設廚房，每天烹調新鮮營養午膳。
- 由專業導師教授校本劍擊、武術、雕刻、陶藝、戲劇等課程。

啟基學校
Chan's Creative School

首創五心教育 愉快環境中學習

　　為照顧學生個別差異，學校在三至六年級開設「中、英、數鞏固班」，為有需要之學生，提供課後輔導，以愉快、輕鬆及深入淺出的形式讓學生打好知識的基礎。

　　設立「學習支援組」，為不同需要的學生提供更有效及適切的學習支援，如提供功課及評估調適等。同時，為了讓資優生有更多發揮機會，特設「資優班」及安排學生參予校外資優活動，以小組形式指導，讓學生接觸更多學科及課外知識，發揮創意及潛能，以求達到「拔尖補底」的教學效果。

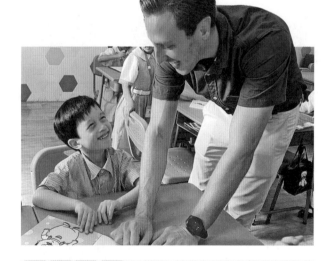

面試須知

面試語言：粵語。
家長面見：面談。

面試貼士

禮貌、守時、愛閱讀、有創意、樂於表達、有健康和諧的家庭生活。

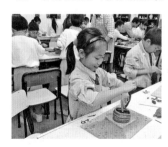
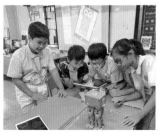

全方位學習活動

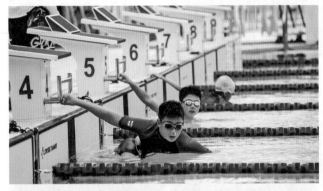

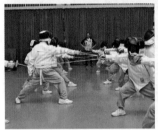

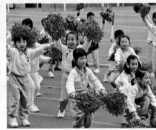

名人校友

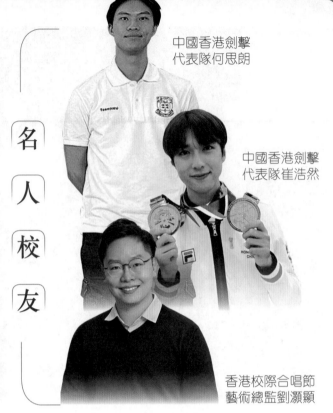

中國香港劍擊
代表隊何思朗

中國香港劍擊
代表隊崔浩然

香港校際合唱節
藝術總監劉灝顯

教師學歷及專業培訓
（佔全校教師人數%）

教育文憑	碩士/博士或以上	學士	特殊教育培訓
100%	26%	94%	2%

預計
25/26學年
小一學額（人）

100人

學校資料

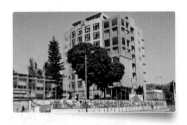

教學語言：中文
創校年份：1995年
學校類別：私立
校監/學校管理委員會主席：黃陸永恩
學制：全日
校長：何燕華
收生性別：男女
宗教：基督教
是否已成立法團校董會：不適用
電話：2381 6228
辦學團體：陳氏教育機構
地址：太子界限街71號新翼

校訓：明德愛主　勵學志仁
學校佔地面積：約3,800平方米
校車服務：校車
一條龍中學：/
直屬中學：/
聯繫中學：/
家長教師會：有
舊生會/校友會：有
23/24小一全年學費：$68,348（分11期）
首三志願學校比率：98%
最多學生入讀的三所中學：
匯基書院、基督教宗真中學、賽馬會體藝中學

學校網址

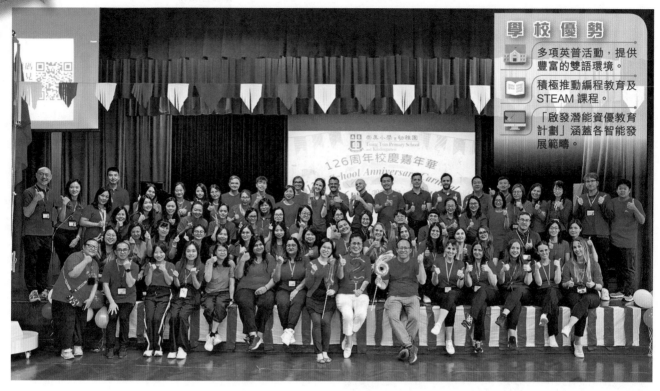

崇真小學暨幼稚園
Tsung Tsin Primary School and Kindergarten

培養六育 促進兒童多元智能發展

着重優質的基督教全人教育，培養兒童靈、德、智、體、群、美六育。學校亦會透過全方位教育，營造愉快的雙語學習環境，促進兒童多元智能發展。關注家庭教育及學生健康成長，重視家校溝通和合作。另外亦會配合新建東翼大樓未來教室設備，積極推行電子及STEAM教學。

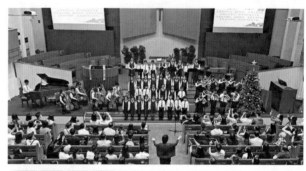

面試須知

語言：粵語、英語、國語

形式：以小組形式進行；老師會透過遊戲、繪畫、實物操作等活動觀察考生的表現，並以廣東話、英語及普通話與考生傾談有關日常生活的問題。

家長面試：沒有

面試貼士

面試着重評核考生的態度、專注力、協作能力、社交及運用基本的兩文三語溝通的能力。

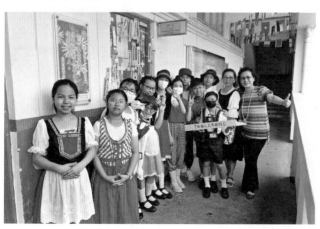

本學年的特別活動/成就

◎ 校隊及學生於香港學校朗誦節及音樂節等各項比賽中屢獲冠、亞、季軍佳績。

◎ 積極參與奧林匹克數學及STEM比賽，多名學生獲一等獎、二等獎及三等獎。

◎ 校隊及學生於校際游泳比賽、校際田徑比賽及多項籃球比賽中屢獲殊榮，其中男、女子籃球隊於2023/2024九龍西區小學校際籃球比賽中分別奪得女子組冠軍及男子組亞軍。

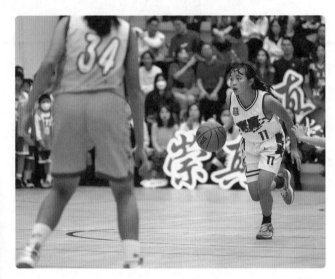

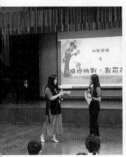
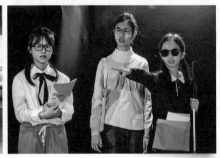

教師學歷及專業培訓
（佔全校教師人數%）

教育文憑	碩士/博士或以上	學士	特殊教育培訓
100%	36%	100%	1%

預計
25/26學年
小一學額（人）

150人

學校資料

教學語言：粵語、國語、英語
創校年份：1897年
學校類別：私立
校監/學校管理委員會主席：周燕鏞
學制：全日
校長：杜莊莎妮女士
收生性別：男女
宗教：基督教
是否已成立法團校董會：不適用
校訓：如今常存的有信、有望、有愛，這三樣，其中最大的是愛。
辦學團體：基督教香港崇真會

地址：石硤尾大埔道58號
電話：2777 3679
學校佔地面積：約9,000平方米
校車服務：有
一條龍中學：/　　直屬中學：/
聯繫中學：/
家長教師會：有
舊生會/校友會：有
23/24小一全年學費：$61,200（分10期）
華語及非華語學生比例：1%
最多學生入讀的三所中學：
基督教崇真中學、沙田崇真中學、協恩中學

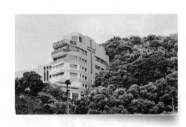

Facebook

學校網址

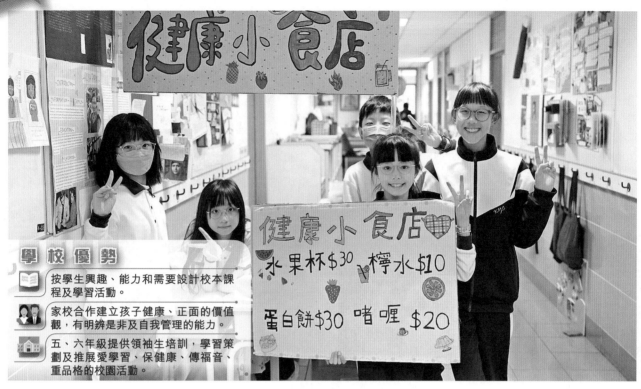

學校優勢

- 按學生興趣、能力和需要設計校本課程及學習活動。
- 家校合作建立孩子健康、正面的價值觀,有明辨是非及自我管理的能力。
- 五、六年級提供領袖生培訓,學習策劃及推展愛學習、保健康、傳福音、重品格的校園活動。

救恩學校
Kau Yan School

實踐中建構知識

學校以基督教信仰為基礎,以愛和專業出發,發展學生能力和培養學生質素。本校設有校本課程,內容廣闊且具深度,切合兒童適齡發展之餘,着重培養探究和創造力;學校提供兩文三語學習環境;正向教育和科學普及科目設於常規課程之內,且正向教育融入於課程和學校生活。學校給予小一的學習經歷多元化,設有每天早會班級經營聚會。

開學前兩位班主任帶領小一適應週、各類外出參觀和體驗活動、親子旅行及校內親子共聚活動、家長班,增潤學習週、校本才藝表演、單元及延伸學習課等。校內課後活動種類繁多,包括管弦樂團、各樣樂器班及體藝隊,以助孩子身心靈平衡發展。

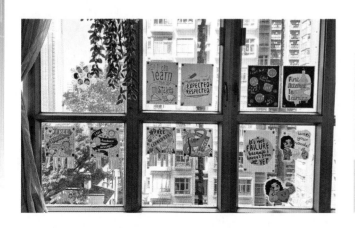

面試須知

面試語言:中文(按學生需要而使用粵語或國語)及英語。
面試形式:互動遊戲、趣味活動、對談。
家長面見:沒有。

面試貼士

鼓勵孩子透過日常親子活動訓練思維、情商及溝通能力。

全方位學習活動

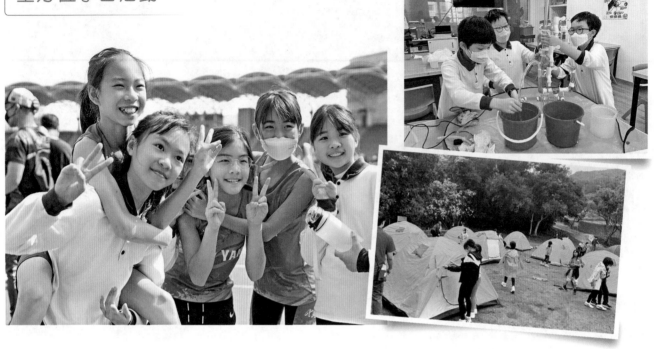

教師學歷及專業培訓
（佔全校教師人數%）

教育文憑	碩士/博士或以上	學士	特殊教育培訓
95%	37%	100%	0%

預計
25/26學年
小一學額（人）

160人

學校資料

教學語言：粵語、國語、英語
創校年份：1946年
學校類別：私立
校監／學校管理委員會主席：洪之龍
學制：全日
校長：歐偉民博士
收生性別：男女
宗教：基督教
是否已成立法團校董會：不適用
校訓：信、望、愛
辦學團體：基督教香港崇真會
地址：西營盤高街97B

電話：2116 6198
學校佔地面積：約5,000平方呎
校車服務：有
一條龍中學：／
直屬中學：／
聯繫中學：匯基書院（東九龍）
家長教師會：無
舊生會／校友會：有
23/24小一全年學費：$65,000（分10期）
首三志願學校比率：100%
最多學生入讀的三所中學：沒有提供

學校網址

學校優勢

- 以英語為主要教學語言
- 基督教全人教育教導學生榮神益人
- 自設廚房提供健康午餐

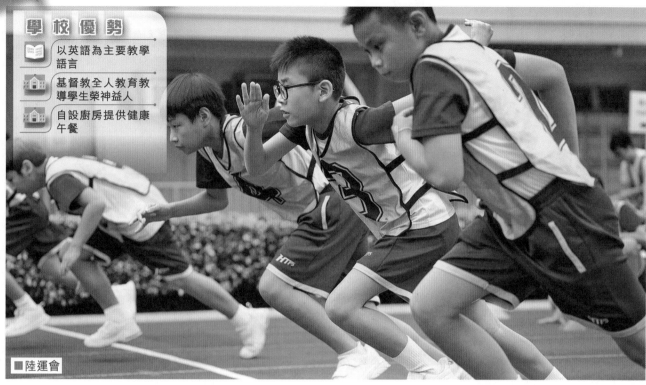

■ 陸運會

聖三一堂小學
Holy Trinity Primary School

培育學生貢獻社會 迎向全球挑戰

本校致力培育學生能具備共通能力、探究思維，基督教價值觀及國際視野，以迎向全球的挑戰，並為社會作出貢獻，榮神益人

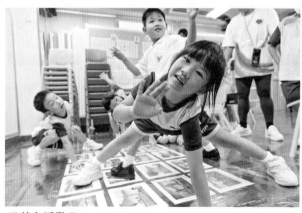

■ 英文活動日

面 試 須 知
面試形式：與老師傾談，小組聽故事
家長面見：沒有

面 試 貼 士
注重溝通能力及解難能力。

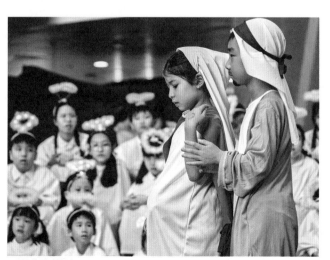

■ 聖誕報佳音

本學年的特別活動/成就

◎ 15%小六生考獲TOEFL Junior Gold Certificate
　（英美學制Grade 9程度）
◎ APRA 2023亞太機械人競賽泰國曼谷決賽
　SPIKE遙控相撲賽：冠軍
◎ 第60屆學校舞蹈節：高級組甲級獎

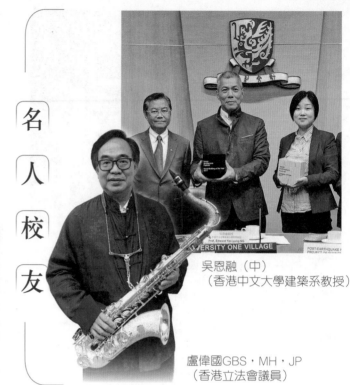

名人校友

吳恩融（中）
（香港中文大學建築系教授）

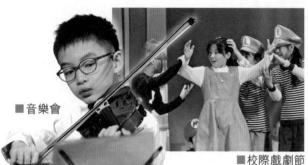

■音樂會

■校際戲劇節

盧偉國GBS，MH，JP
（香港立法會議員）

教師學歷及專業培訓
（佔全校教師人數%）

教育文憑	碩士/博士或以上	學士	特殊教育培訓
93%	33%	100%	17%

預計
25/26學年
小一學額（人）

120人

學校資料

教學語言：國語、英語
創校年份：1952年
學校類別：私立
校監/學校管理委員會主席：嚴偉賢女士
學制：全日
校長：吳鳳婷女士
收生性別：男女
宗教：基督教
是否已成立法團校董會：不適用
校訓：能仁能勇，愛主愛人
辦學團體：香港聖公會
地址：九龍城富寧街57號

電話：2711 0928
學校佔地面積：約17,252平方米
校車服務：有
一條龍中學：/
直屬中學：/
聯繫中學：聖公會聖三一堂中學
家長教師會：有
舊生會/校友會：有
23/24小一全年學費：$ 55,000
華語及非華語學生比例：/
最多學生入讀的三所中學：
可立中學、沙中崇真中學、協恩中學

Facebook

學校網址

VIDEO

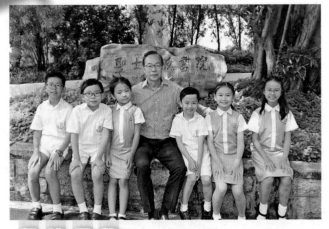

共同培養完美品格 發揮潛能

　　為了加強學生在英語及普通話的學習及應用，校方聘請了15位來自世界各地的外籍老師教授全校英文科及科學與健教科。數學科亦以英語教授。同時，學校也有高素質的本地老師團隊教授中文科及社會與文化科；他們不但通過了「普通話語文能力評核」，而且擁有中文大學頒發的「普通話作為教學語言專業文憑」資格。

學校優勢

 培育小朋友具完美品格、獨立個性、正確處事態度

 每年舉辦一次教育觀光團以擴闊學生視野

 每周均設「素食日」，為學生提供營養均衡的素食午餐。

面試須知

面試語言：粵語、英語、國語。
面試形式：學生參加約30分鐘廣東話、普通話及英語面試，內容圍繞申請人，試前毋須作任何準備。其後從學生面試中選取合適申請人，並與其父母一同面見。
家長面見：有

聖士提反書院附屬小學
St. Stephen's College Preparatory School

教師學歷及專業培訓
（佔全校教師人數%）

教育文憑	碩士/博士或以上	學士	特殊教育培訓
100%	57%	98%	0%

預計
25/26學年
小一學額（人）

132人

學校資料

教學語言：英文
創校年份：1938年
學校類別：私立
校監/學校管理委員會主席：梁貫成教授
學制：全日
校長：王勝桐（署任）
收生性別：男女
宗教：基督教
是否已成立法團校董會：不適用
校訓：篤信多能
辦學團體：聖士提反書院
地址：赤柱黃麻角道30-32號

電話：2813 0272
學校佔地面積：約20,000平方米
校車服務：有
一條龍中學：/
直屬中學：聖士提反書院
聯繫中學：/
家長教師會：有
舊生會/校友會：有
23/24小一全年學費：$92,500
首三志願學校比率：
大部分畢業生升讀聖士提反書院而不參加中學派位
最多學生入讀的三所中學：聖士提反書院

學校網址

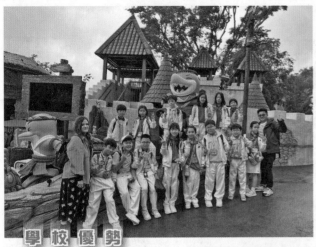

自信自律自重 成有用之人貢獻社會

　　雖然小學部的文化植根香港，然而亦致力培養可面向世界的學生。在教學上，注重全人的教育，培養學生自信、自律、自重並具責任感，使學生成為對社會有用的公民及虔誠的基督徒。

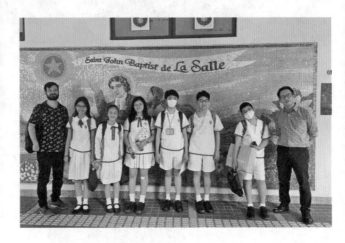

學校優勢

 輔導主任與老師共同照顧不同學習能力的學生

 彼此包容，組織和諧校園。

強化學生的認知和溝通能力。

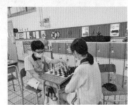

香港道爾頓學校（玫瑰崗）
Dalton School Hong Kong (Rosaryhill)

教師學歷及專業培訓
（佔全校教師人數%）

教育文憑	碩士/博士或以上	學士	特殊教育培訓
—%	—%	—%	—%

預計
25/26學年
小一學額（人）

沒有提供

學校資料

教學語言：粵語、國語、英語
創校年份：1959年
學校類別：私立
校監/學校管理委員會主席：何幼孫神父
學制：全日
校長：葉介君
收生性別：男女
宗教：天主教
是否已成立法團校董會：不適用
校訓：信守真理
辦學團體：天主教道明會

地址：灣仔司徒拔道41號B
電話：2835 5121
學校佔地面積：約10,000平方米
校車服務：有
一條龍中學：/
直屬中學：/
聯繫中學：/
家長教師會：有
舊生會/校友會：有
23/24小一全年學費：$49,000（分10期）

*資料以學校公佈為準

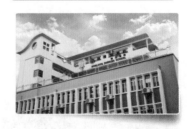

學校網址

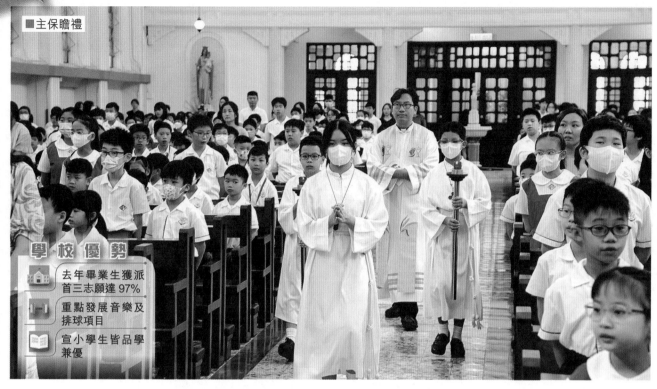

■主保瞻禮

學·校·優·勢

- 去年畢業生獲派首三志願達97%
- 重點發展音樂及排球項目
- 宣小學生皆品學兼優

聖方濟各英文小學
St. Francis of Assisi's English Primary School

全人發展 發展潛能

本校着重全人發展、語境教學及資優教學，學生利用不同語言，包括英語、普通話、廣東話、日語及法語上課。學校亦為全校學生及資優生提供不同的資優課程，提升學生的高階思維能力。此外，學生亦可自由參與各式各樣的課外活動及對外交流活動，發展他們各樣潛能。

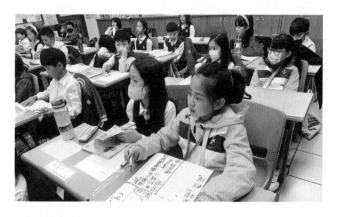

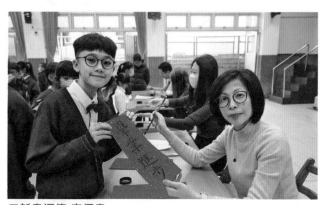

■新春福傳-寫揮春

面·試·須·知

面試語言：粵語、國語、英語
面試形式：學生面試
家長面見：沒有

面·試·貼·士

面試包括學術、常識及情境題。

本學年的特別活動/成就

◎ 宗教活動：退省營、禮儀組、拜苦路等
◎ 對外交流：紐西蘭、新加坡及台灣
◎ 校內比賽：水運會、陸運會、閃避球、朗誦、說故事及扭計骰比賽等

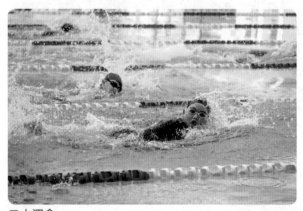
■ 水運會

名人校友

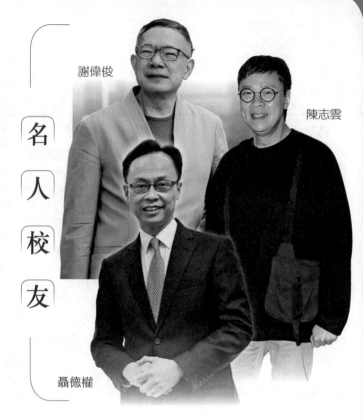

謝偉俊

陳志雲

聶德權

教師學歷及專業培訓
（佔全校教師人數%）

教育文憑	碩士/博士或以上	學士	特殊教育培訓
91.3%	57.5%	100%	89.1%

預計
25/26學年
小一學額（人）

180人

學校資料

教學語言：英語
創校年份：1955年
學校類別：私立
校監 / 學校管理委員會主席：丁德貞女士
學制：全日
校長：譚嘉明
收生性別：男女
宗教：天主教
是否已成立法團校董會：不適用
校訓：DOMINUS MEUS, DEUS MEUS
辦學團體：天主教香港教區
地址：深水埗石硤尾街58號

電話：2779 7654
學校佔地面積：約2,000平方米
校車服務：有
一條龍中學：/
直屬中學：/
聯繫中學：/
家長教師會：有
舊生會 / 校友會：有
23/24小一全年學費：$52,800（分10期）
華語及非華語學生比例：/
最多學生入讀的三所中學：聖約瑟書院、拔萃男書院、寶血會上智英文書院

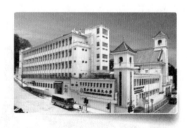

學校網址

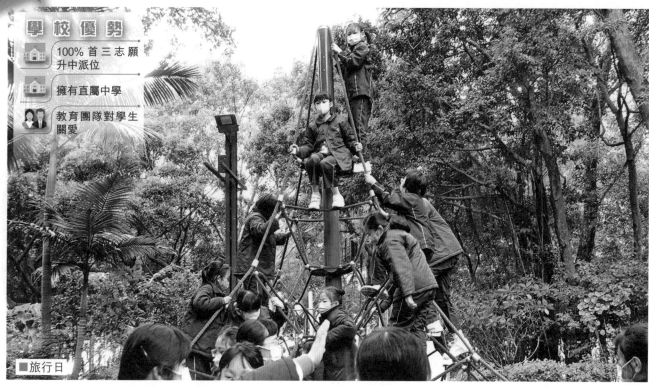

學校優勢

🏠 100% 首三志願升中派位

🏠 擁有直屬中學

👥 教育團隊對學生關愛

■旅行日

聖母小學
Our Lady's Primary School

啟發潛能 培養正確價值觀

　　學校透過全校式自主學習，提升學與教的效能，照顧學生的學習差異。同時培育自我管理能力，啟發學生發展潛能。另外亦推動天主教教育核心價值，深化及培養師生的正確價值觀。

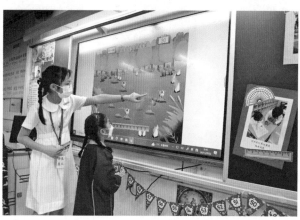

■（大姐姐活動）由高年級姐姐教導低年級同學學習。

面試須知
面試形式：以小組或個別面試
家長面見：沒有

面試貼士
考驗小朋友之禮貌、應對及自理能力。

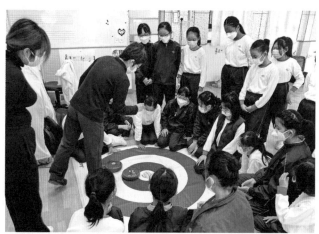

■學生在歷奇活動中進行冰壺活動。

本學年的特別活動/成就

◎ 學術、音、體、藝在校際公開比賽中屢創佳績，
　注重STREAM教育及發展。

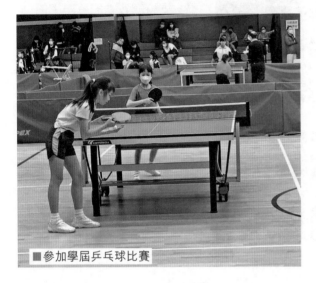

■ 參加學屆乒乓球比賽

名人校友

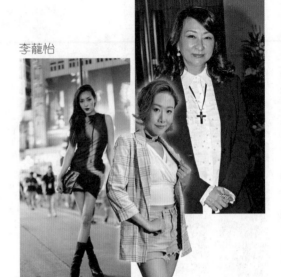

蔣麗萍

李龍怡

馮凱淇

教師學歷及專業培訓
（佔全校教師人數%）

教育文憑	碩士/博士 或以上	學士	特殊教育 培訓
90%	50%	92%	25%

預計
25/26學年
小一學額（人）

80人

學校資料

教學語言：中文
創校年份：1953年
學校類別：私立
校監/學校管理委員會主席：胡妙然修女
學制：全日
校長：吳文健修女
收生性別：女
宗教：天主教
是否已成立法團校董會：不適用
校訓：純潔、仁愛
辦學團體：天主教母佑會
地址：黃大仙沙田坳道116號

電話：2320 1001
學校佔地面積：約5,586平方米
校車服務：有
一條龍中學：/
直屬中學：聖母書院
聯繫中學：/
家長教師會：有
舊生會/校友會：有
23/24小一全年學費：$42,000（分10期）
華語及非華語學生比例：全華語
最多學生入讀的三所中學：
聖母書院、德愛中學、聖羅撒書院

學校網址

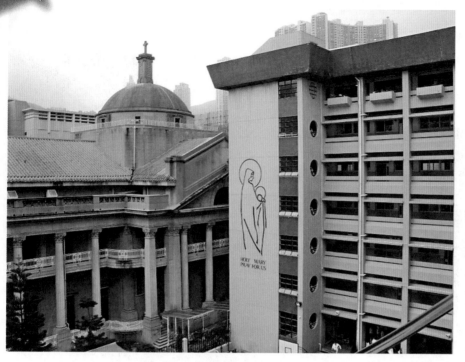

培育學生德智發展

　　學校以基督精神之價值觀為本，為學生提供美好的教與學氣氛，達致幫助學生全面發展其智能及品德的成長。同時亦致力培養學生的獨立能力及對社會的關懷，並會加強她們的公民意識。

學校優勢

 提供課後功課輔導班

 中、英文寫作則按照不同程度以小班形式上課

 學校提供言語治療及評核服務予有需要的學生

聖保祿學校（小學部）
St Paul's Convent School (Primary Section)

教師學歷及專業培訓
（佔全校教師人數%）

教育文憑	碩士/博士或以上	學士	特殊教育培訓
84%	42%	86%	6%

預計
25/26學年
小一學額（人）

沒有提供

學校資料

教學語言：英文
創校年份：1864年
學校類別：私立
校監 / 學校管理委員會主席：古穗生修女
學制：全日
校長：高淑佩
收生性別：女
宗教：天主教
是否已成立法團校董會：不適用
校訓：為一切人，成為一切
辦學團體：沙爾德聖保祿女修會

地址：銅鑼灣禮頓道140號
電話：2576 0601
學校佔地面積：約8,826平方米
校車服務：有
一條龍中學：/
直屬中學：聖保祿學校
聯繫中學：/
家長教師會：無
舊生會 / 校友會：無
23/24小一全年學費：$55,000

學校網址

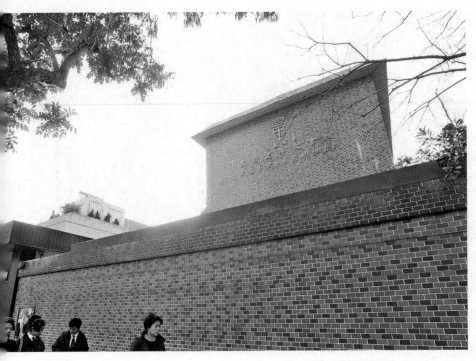

成就創意之才

　　書院以教育出未來傑出人才為使命，學校並以勤勉的態度、不懈的努力及追求、對學生及校友的承諾來實現這一使命。在課堂上，學校追求出色的學業水平，快速的學習，通過轉換新的理念來促進學生形成創意的理解思考能力。

 學校優勢

- 持續評估跟進所有學生的進展程度
- 將學生對知識的掌握情況以及需要改善的地方及時匯報給家長

聖若望英文書院（小學部）
St. Johannes College (Primary Section)

教師學歷及專業培訓
（佔全校教師人數%）

教育文憑	碩士／博士或以上	學士	特殊教育培訓
100%	50%	100%	0%

預計
25/26學年
小一學額（人）

40人

學校資料

教學語言：英文
創校年份：1962年
學校類別：私立
校監／學校管理委員會主席：梁欽聖
學制：全日
校長：Gorman Lauren Elise
收生性別：男女
宗教：天主教
是否已成立法團校董會：不適用
校訓：慎思力行
辦學團體：天主教

地址：九龍塘窩打老道143號
電話：2336 2933
學校佔地面積：約4,000平方米
校車服務：有
一條龍中學：／
直屬中學：／
聯繫中學：／
家長教師會：無
舊生會／校友會：無
23/24小一全年學費：$73,000（分10期）

學校網址

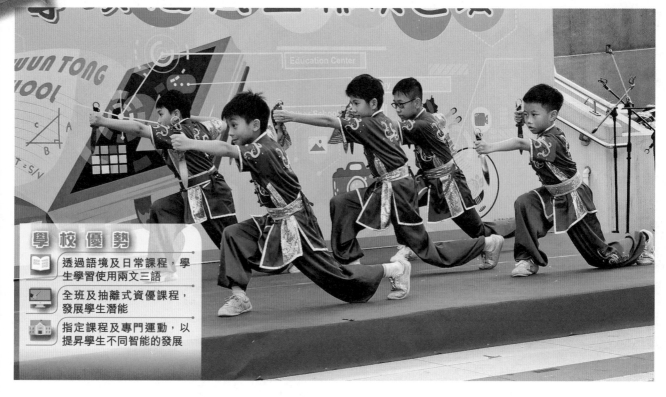

學校優勢

- 透過語境及日常課程，學生學習使用兩文三語
- 全班及抽離式資優課程，發展學生潛能
- 指定課程及專門運動，以提昇學生不同智能的發展

聖若瑟英文小學
St. Joseph's Anglo-Chinese Primary School

學術與活動並重，致力於培養學生的英語能力，重視兩文三語，培育每個小朋友的天賦才能，並促進他們在各個領域的全面發展。

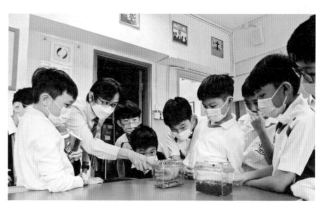

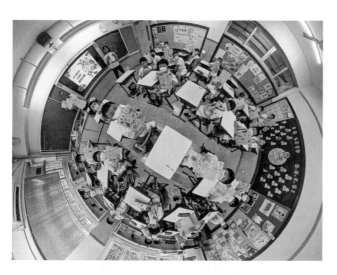

面試須知

面試形式：小組面試，不設筆試，以認識考生性格、個人特質及社交能力為主。
家長面試：沒有。

面試貼士

在面試前，家長宜學校辦學理念、課程和教學方法。

本學年的特別活動/成就

◎ 本年度於多個國際性STEM創新比賽中獲得殊榮；
於乒乓球、游泳、武術、美術及國際象棋比賽中屢
獲獎項。

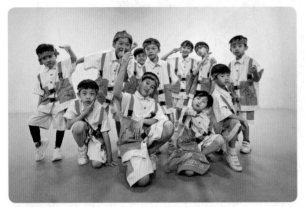
■ 水運會

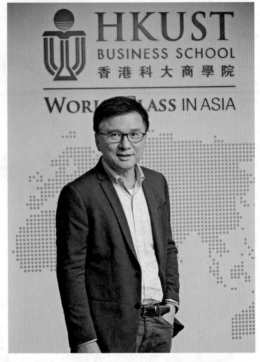

名
人
校
友

前任香港財經事務及庫務局局長陳家強教授

教師學歷及專業培訓
（佔全校教師人數%）

教育文憑	碩士/博士或以上	學士	特殊教育培訓
83%	27%	97%	7%

預計
25/26學年
小一學額（人）

108人

學校資料

教學語言：粵語、國語、英語
創校年份：1958年
學校類別：私立
校監/學校管理委員會主席：儲富有
學制：全日
校長：鄭德明
收生性別：男
宗教：天主教
是否已成立法團校董會：不適用
校訓：止於至善
辦學團體：天主教香港教區
地址：牛頭角觀塘道57號

電話：2325 5851
學校佔地面積：約4,500平方米
校車服務：有
一條龍中學：／
直屬中學：聖若瑟英文中學
聯繫中學：／
家長教師會：有
舊生會/校友會：有
23/24小一全年學費：$49,800
華語及非華語學生比例：／
最多學生入讀的三所中學：聖若瑟英文中
學、聖若瑟書院、聖保羅男女中學

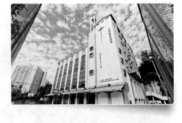

Facebook

學校網址

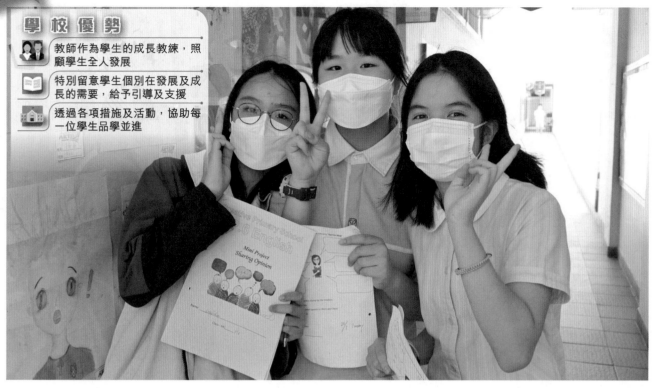

學校優勢

- 教師作為學生的成長教練,照顧學生全人發展
- 特別留意學生個別在發展及成長的需要,給予引導及支援
- 透過各項措施及活動,協助每一位學生品學並進

啟思小學
Creative Primary School

結合本地與IB課程 啟發潛能

　　學校結合IB及本地課程,並運用腦基礎策略,推動思考、探究及價值教育,提升教學效能。特別注重語文教學,中文科可選擇以國語或粵語學習,循序漸進,讓學生能掌握兩文三語,並能為日後以英文作為主要學習語言作好準備。

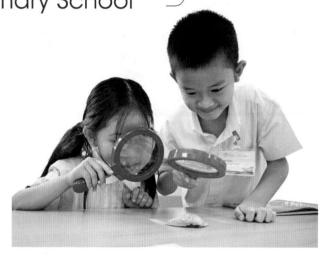

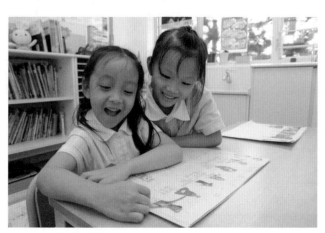

面試須知

面試語言:粵語、英語。
面試形式:分別進行小組活動及個別會見。
家長面見:沒有。

面試貼士

着重同學之理解、溝通、自我管理、專注及協作能力。

全方位學習活動

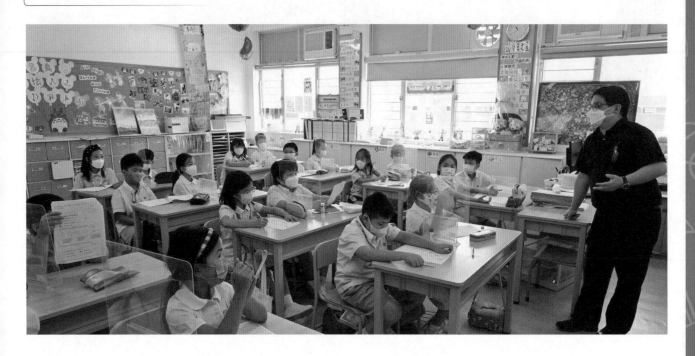

教師學歷及專業培訓
（佔全校教師人數%）

教育文憑	碩士 / 博士或以上	學士	特殊教育培訓
100%	39%	98%	3%

預計
25/26學年
小一學額（人）

沒有提供

學校資料

教學語言：中文（包括：普通話）及英文
創校年份：1985年
學校類別：私立
校監 / 學校管理委員會主席：方俠
學制：全日
校長：蘇陳素明
收生性別：男女
宗教：基督教
是否已成立法團校董會：不適用
校訓：活學好思
辦學團體：啟思教育有限公司
地址：九龍塘牛津道2號A

電話：2336 0266
學校佔地面積：約3,400平方米
校車服務：有
一條龍中學：/
直屬中學：啟思中學
聯繫中學：/
家長教師會：有
舊生會 / 校友會：有
23/24小一全年學費：$133,980
首三志願學校比率：98.6%（第一及第二志願）
最多學生入讀的三所中學：啟思中學、聖保羅男
女中學、瑪利諾修院學校（中學部）

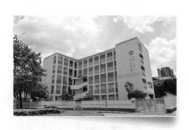

學校網址

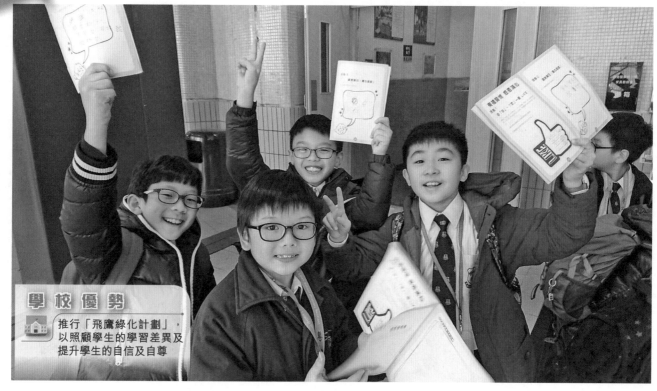

學校優勢

推行「飛鷹綠化計劃」，以照顧學生的學習差異及提升學生的自信及自尊

聖類斯中學（小學部）
St. Louis School (Primary Section)

培育專業能力 品格靈性兼備

學校以聖若望鮑思高的預防教育法作為輔導的基礎，除兩位輔導老師外，全校教師均會負責輔導學生的工作，並致力發展靈、德、智、體、群、美的全人培育，不斷提昇教學質素。學校設有成長課，讓學生在自由自律的氣氛中，培養自己成為一個斯文有禮、重義守信、勇於服務、知恩報恩的良好公民。另外，在宗教培養上，會讓學生在虔敬上主的基礎上，建立正確的道德標準及社會價值觀，勇於承擔自己在家庭、社會中的責任。

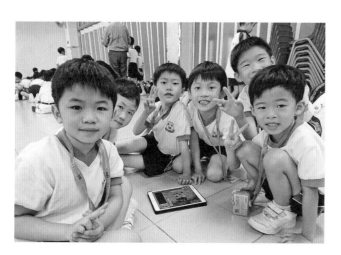

面試須知

準備文件：學生出生證明書、領洗紙、父及母身份證文件。

面試語言：粵語

面試形式：小組面見。

家長面見：家長與老師面談。

面試貼士

收生準則：100%學生面試，家長面見主要是增加對學生的了解，不會影響取錄。

全方位學習活動

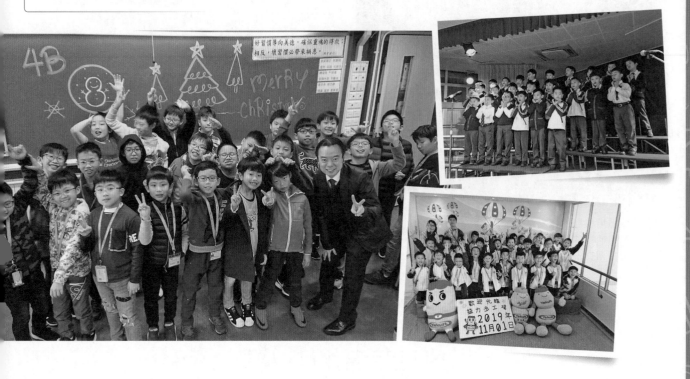

教師學歷及專業培訓
（佔全校教師人數%）

教育文憑	碩士/博士或以上	學士	特殊教育培訓
12%	40%	48%	5%

預計
25/26學年
小一學額（人）

60人

學校資料

教學語言：粵語、國語、英語
創校年份：1927年
學校類別：私立
校監/學校管理委員會主席：陳鴻基神父
學制：全日
校長：吳錦聰
收生性別：男
宗教：天主教
是否已成立法團校董會：不適用
校訓：學問與虔敬並重
辦學團體：鮑思高慈幼會

地址：西營盤第三街179號C座
電話：2547 2306
學校佔地面積：約9,200平方米
校車服務：有
一條龍中學：/
直屬中學：聖類斯中學
聯繫中學：/
家長教師會：有
舊生會/校友會：無
23/24小一全年學費：$45,800（分10期繳交）

學校網址

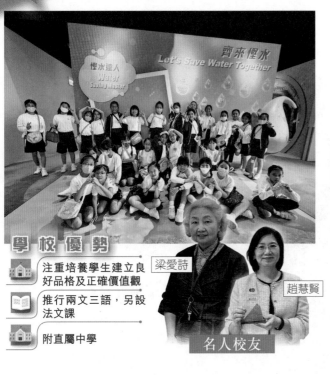

培育學生積極自信 主動學習特質

讓學生能建立忠厚樸實、關愛、積極、自信的特質，同時培養成為一個積極主動學習的建構者。

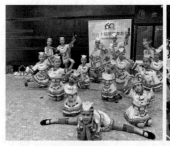
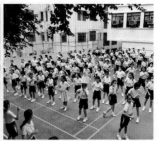

學校優勢

- 注重培養學生建立良好品格及正確價值觀
- 推行兩文三語，另設法文課
- 附直屬中學

名人校友：梁愛詩、趙慧賢

面試須知

面試形式：面試圍繞生活常識及小朋友熟悉的事物，學校注重學生面試時的表現，例如：表達能力、待人態度、反應及禮貌等。

聖嘉勒小學
St. Clare's Primary School

教師學歷及專業培訓
（佔全校教師人數%）

教育文憑	碩士/博士或以上	學士	特殊教育培訓
87%	17%	100%	一%

預計 25/26學年 小一學額（人）
120 人

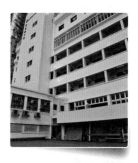

學校資料

教學語言：粵語、國語、英語
創校年份：1927年
學校類別：私立
校監/學校管理委員會主席：黃玫蘭修女
學制：全日
校長：許李敏茵
收生性別：女
宗教：天主教
是否已成立法團校董會：不適用
校訓：真理必勝
辦學團體：天神之后傳教女修會
地址：西營盤般咸道光景台3-6號

電話：2547 2751
學校佔地面積：約2,509平方米
校車服務：有
一條龍中學：/
直屬中學：聖嘉勒女書院
聯繫中學：/
家長教師會：有
舊生會/校友會：有
23/24小一全年學費：$51,000
華語及非華語學生比例：/
最多學生入讀的三所中學：
聖嘉勒女書院、英華女學校、聖士提反女子中學

學校網址

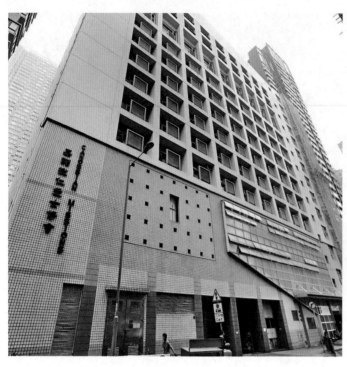

校風淳樸培育心靈

學校重視心靈的培育，使學生生活在肯定及關愛中，並且致力培養學生能自律、勤奮、有責任感、懂得互相尊重。在學業上，除精通兩文三語外，更能兼備創意思維，分析能力，以配合時代轉變，並能學以致用，關顧弱勢社群，貢獻社會。

學校優勢

- 各科均作個別課程調適，切合學生能力
- 為資優學生提供適切的資優課程
- 設有駐校學生輔導主任，照顧學生個人成長需要，並協調生活教育課程

嘉諾撒聖心學校私立部
Sacred Heart Canossian School Private Section

教師學歷及專業培訓
（佔全校教師人數%）

教育文憑	碩士/博士或以上	學士	特殊教育培訓
100%	34%	100%	17%

預計
25/26學年
小一學額（人）

沒有提供

學校資料

教學語言：中文
創校年份：1860年
學校類別：私立
校監 / 學校管理委員會主席：黃佩玲修女
學制：上午
校長：黃婉貞女士
收生性別：女
宗教：天主教
是否已成立法團校董會：不適用
校訓：道路、真理、生命
辦學團體：嘉諾撒仁愛女修會
地址：中環堅道34號

電話：2524 8301
學校佔地面積：約6,500平方米
校車服務：有
一條龍中學：/
直屬中學：嘉諾撒聖心書院
聯繫中學：/
家長教師會：有
舊生會 / 校友會：無
23/24小一全年學費：$51,120
最多學生入讀的三所中學：嘉諾撒聖心書院、英華女學校、聖保祿學校

學校網址

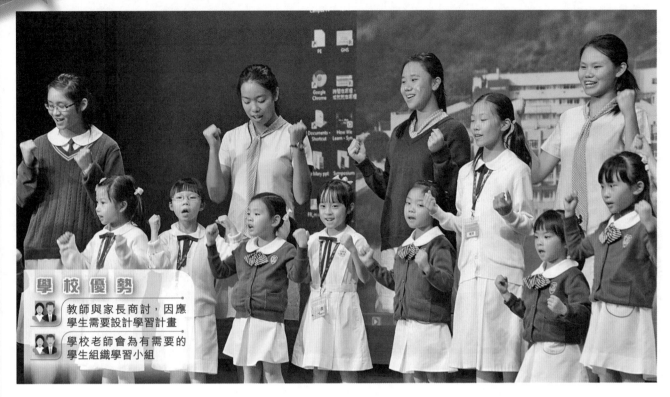

學校優勢

- 教師與家長商討，因應學生需要設計學習計畫
- 學校老師會為有需要的學生組織學習小組

德望小學暨幼稚園（小學部）
Good Hope Primary School cum Kindergarten

重視個人特質 全面發展潛能

　　學校秉承天主教傳統及教育理念，重視學生的個人特性，致力全面發展學生潛能，培育學生成為追求卓越及滿有愛心、希望、喜樂及感恩的女性領袖。

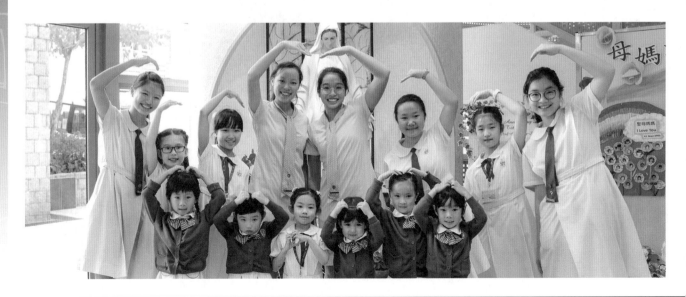

全方位學習活動

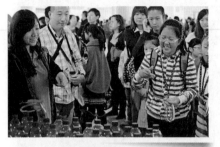
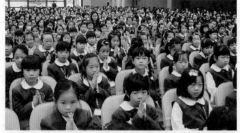
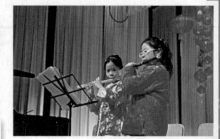
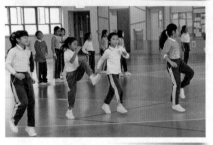
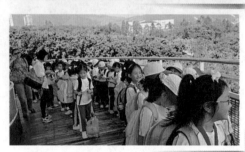

教師學歷及專業培訓
(佔全校教師人數%)

教育文憑	碩士/博士或以上	學士	特殊教育培訓
100%	27%	95%	18%

預計
25/26學年
小一學額（人）

沒有提供

學校資料

教學語言：中文及英文
創校年份：1954年
學校類別：私立
校監／學校管理委員會主席：阮嫣玲修女
學制：全日
校長：阮嫣玲修女
收生性別：女
宗教：天主教
是否已成立法團校董會：不適用
校訓：禰是吾望
辦學團體：聖母無原罪傳教女修會

地址：牛池灣扎山道381至383號
電話：2327 5294
學校佔地面積：約17,019平方米
校車服務：有
一條龍中學：／
直屬中學：／
聯繫中學：／
家長教師會：有
舊生會／校友會：有
23/24小一全年學費：$43,400

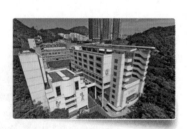

學校網址

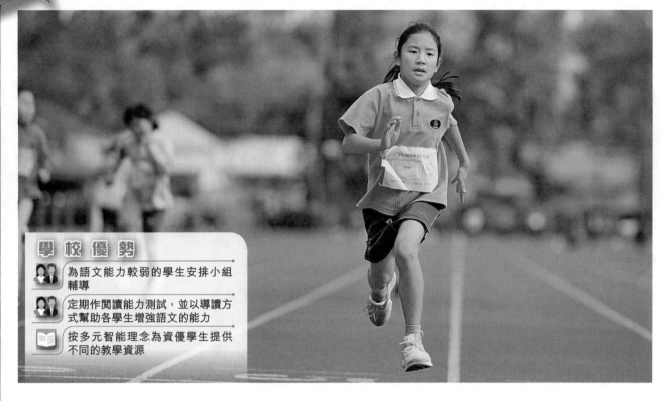

學校優勢

- 為語文能力較弱的學生安排小組輔導
- 定期作閱讀能力測試，並以導讀方式幫助各學生增強語文的能力
- 按多元智能理念為資優學生提供不同的教學資源

激活英文小學
Good Hope Primary School cum Kindergarten

發揮潛能 引發創造力

　　學校綜合多元智能的教育理念及學生為本的互動課程，以激活思維的教學方式，充份發揮兒童的語言才能、內在潛能及創造力，並且注重建立兒童探索求真的習慣，使他們有效地掌握並運用科技，為社會帶來新活力。

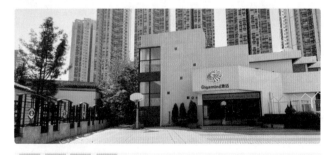

面試須知

面試語言：英語、國語。
面試形式：小組活動、中英文認字遊戲、回答與生活有關的問題等。
家長面見：以面談形式進行，了解孩子特質和家長對教育的期望等。

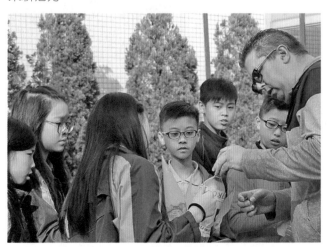

面試貼士

面試前小朋友要有充足的休息，面試時宜有整潔的儀容和自然的應對。家長不用過份着重小朋友談話的措詞和句子完整，勇於表達及真情流露更符合學校的期望。

全方位學習活動

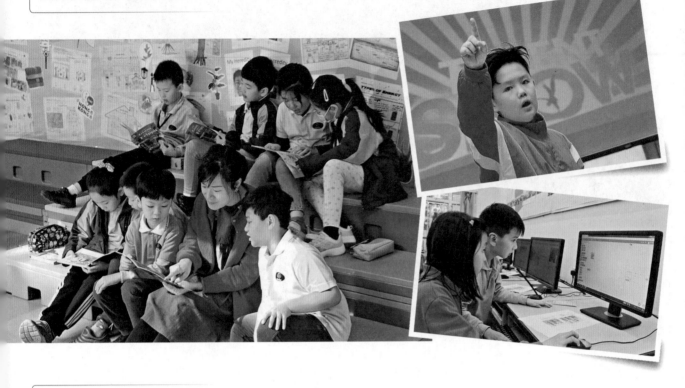

教師學歷及專業培訓
（佔全校教師人數%）

教育文憑	碩士 / 博士或以上	學士	特殊教育培訓
76%	48%	100%	0%

預計
25/26學年
小一學額（人）

沒有提供

學校資料

教學語言：英文
創校年份：2001年
學校類別：私立
校監 / 學校管理委員會主席：陳保琼博士
學制：全日
校長：羅煦鈞
收生性別：男女
宗教：基督教
是否已成立法團校董會：不適用
校訓：提供愉快學習環境，激發兒童潛能；
　　　建立師生及家長彼此關愛校園。
辦學團體：激活教育機構

地址：天水圍天龍路九號嘉湖山莊美湖居A座
電話：2446 9883
學校佔地面積：約5,000平方米
校車服務：有
一條龍中學：/
直屬中學：香港耀中國際學校（中學部）
聯繫中學：/
家長教師會：有
舊生會 / 校友會：無
23/24小一全年學費：$111,100（分11期繳交）
最多學生入讀的三所中學：
香港耀中國際學校（中學部）

學校網址

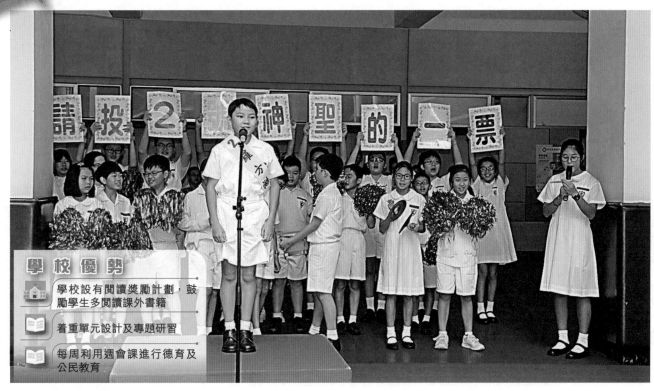

學校優勢

- 學校設有閱讀獎勵計劃，鼓勵學生多閱讀課外書籍
- 着重單元設計及專題研習
- 每周利用週會課進行德育及公民教育

蘇浙小學
Kiangsu & Chekiang Primary School

均衡發展五育 培養公民意識

蘇浙小學是香港唯一用普通話作為教學語言的非牟利私立小學，特別注重學生五育均衡發展，積極培養學生的公民意識。高質素的教師團隊本着辦學團體的教育理念，為每位學生奠定了良好的學習基礎。

學校重視學生學業水平、品行及個人全面發展。學校分有主流班及國際班，主流班教學上以普通話作為教學語言，從小學習普通話，使學生的中文水平、閱讀及寫作能力可提高，英文科則以英語為教學語言，並聘有專業外籍教師，教導標準英語會話發音。國際班採取英國制課程，並聘有英國本土學位教師任教，第二外語為中文，由操純正普通話的中國教師擔任，音樂及體育會以普通話授課。

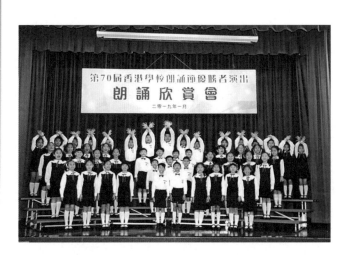

面試須知

面試語言：以粵語、英語、國語進行。

家長面見：有

全方位學習活動

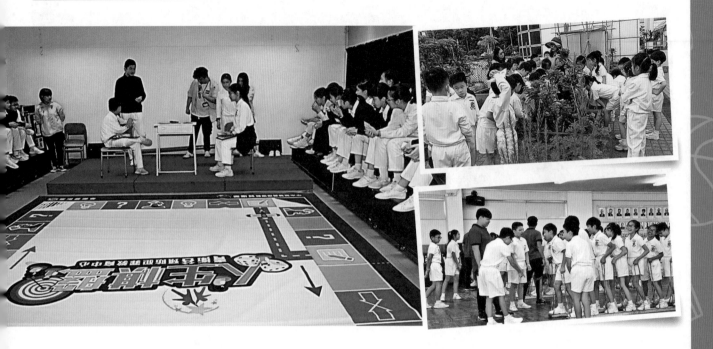

教師學歷及專業培訓
（佔全校教師人數%）

教育文憑	碩士／博士或以上	學士	特殊教育培訓
97%	26%	97%	0%

預計
25/26學年
小一學額（人）

沒有提供

學校資料

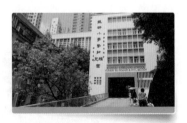

教學語言：中文
創校年份：1953年
學校類別：私立
校監／學校管理委員會主席：張浩然
學制：全日
校長：王寶明
收生性別：男女
宗教：不適用
是否已成立法團校董會：不適用
校訓：整齊嚴肅
辦學團體：香港蘇浙滬同鄉會
地址：北角清華街三十號

電話：2570 4436
學校佔地面積：約8,500平方米
校車服務：有
一條龍中學：／
直屬中學：／
聯繫中學：／
家長教師會：有
舊生會／校友會：有
23/24小一全年學費：$50,500（分10期）

學校網址

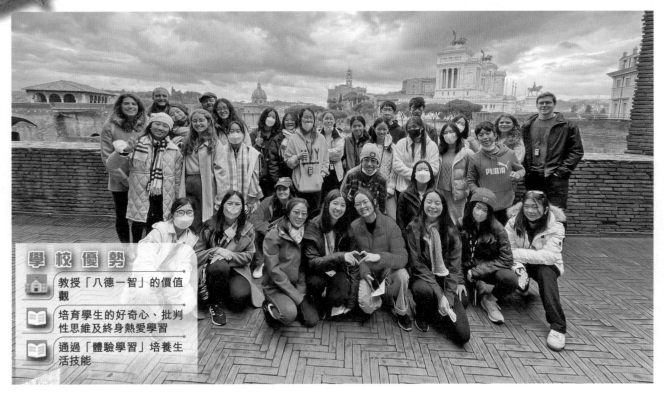

學校優勢

- 教授「八德一智」的價值觀
- 培育學生的好奇心、批判性思維及終身熱愛學習
- 通過「體驗學習」培養生活技能

弘立書院
The ISF Academy

培養八德一智 開創美好將來

弘立獨創的「書院」課程讓學生學習中、西方在思想上的異同，及以擁有千年歷史的中國古代「書院」理念作為借鏡，在一個跨學科的環境裏，研習包括中國古代經典、古代語言、可持續發展、分子生物學、納米技術、創新電腦科學課程、創客坊、文學比較及環球政治等，培養深層次的思維。

學校提供中、英雙語的學習環境，並且堅守培養學生具「八德一智」的價值觀 — 智、忠、孝、仁、愛、禮、義、和（包容及和悅的心）、平（平衡、平等），並成為積極、有操守的社會成員，能迎接未來的種種挑戰。此外，學校提供IB課程，故目標是培養具國際視野、博愛，肯分擔守護地球責任，可開創美好世界的人。

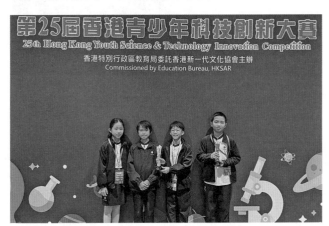

第25屆香港青少年科技創新大賽
25th Hong Kong Youth Science & Technology Innovation Competition
香港特別行政區教育局委託香港新一代文化協會主辦
Commissioned by Education Bureau, HKSAR

面試須知

面試語言：英語、國語。
面試形式：第一階段以小組形式進行。所有申請者都會獲邀參加第一階段的小組評估，根據申請者的評估表現，經挑選才會進入第二階段。
家長面見：第二階段為家長與學生一起跟學校高級職員會面。

面試貼士

建議家長出席入學簡介會及校園參觀，或參加視像簡介活動。

全方位學習活動

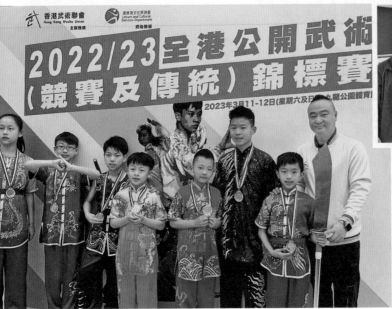
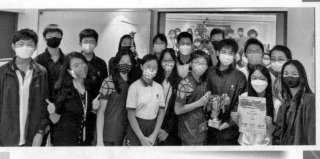
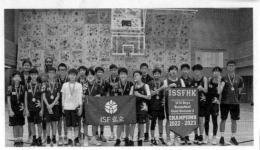

教師學歷及專業培訓
（佔全校教師人數%）

教育文憑	碩士/博士或以上	學士	特殊教育培訓
—%	—%	—%	—%

預計
25/26學年
小一學額（人）

沒有提供

學校資料

教學語言：粵語、國語、英語
創校年份：2003年
學校類別：私立
校監/學校管理委員會主席：甄孟義資深大律師（校監）
學制：全日
校長：查永茂博士
收生性別：男女
宗教：不適用
是否已成立法團校董會：不適用
校訓：弘立是一個由學習者組成的社群，思想、行動具
　　　有獨立性，根植於中華文化，擁有對全球的理解
　　　和體驗，永遠追求卓越。

辦學團體：智立教育基金有限公司
地址：薄扶林鋼綫灣道1號
電話：2202 2000
學校佔地面積：約13,152平方米
校車服務：有
一條龍中學：弘立書院
直屬中學：/
聯繫中學：/
家長教師會：有
舊生會/校友會：有
23/24小一全年學費：$221,130（分10期繳交）
最多學生入讀的三所中學：沒有提供

學校網址

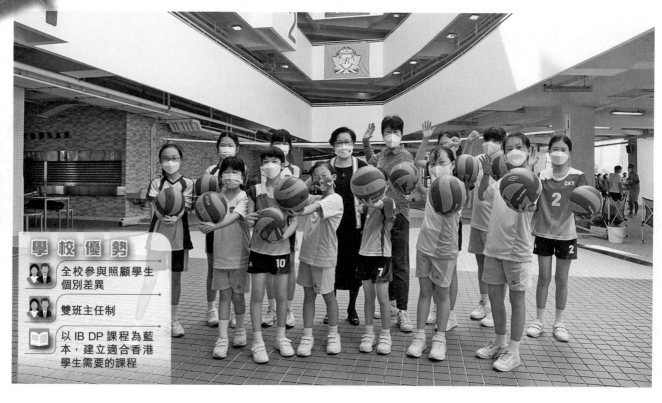

學校優勢

- 全校參與照顧學生個別差異
- 雙班主任制
- 以 IB DP 課程為藍本，建立適合香港學生需要的課程

保良局蔡繼有學校
Po Leung Kuk Choi Kai Yau School

重視雙語教學 薈萃中西文化

　　保良局蔡繼有學校是一所一條龍優質獨立私校，貫通十二年課程，推行「全人教育，雙語教學」，並且採用圖書教學，注重雙語學習環境，小學一中一西雙班主任制，五年小學直升中學，十年級參加英國 IGCSE會考，十二年級以IB預科文憑畢業。

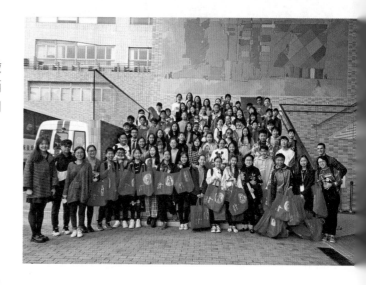

面試須知

面試語言：雙語形式進行（廣東話或普通話、英語）

面試形式：小組遊戲形式，以了解學生的表達能力、解決困難能力。

家長面見：有

面試貼士

小朋友的語言能力並非重點，但須具備良好表達能力，願意回答問題又懂主動提問，學校希望學生好學、主動、愛發問及專心。

全方位學習活動

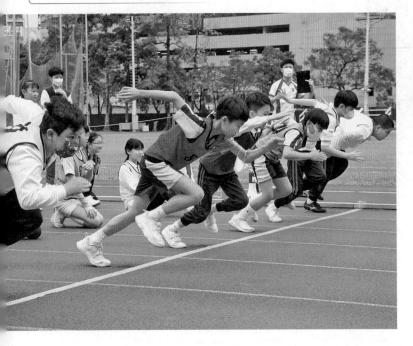
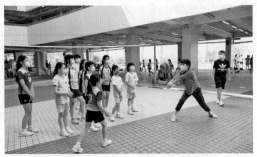
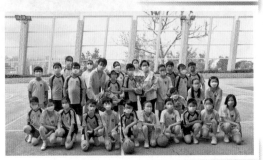

教師學歷及專業培訓
（佔全校教師人數%）

教育文憑	碩士/博士或以上	學士	特殊教育培訓
－%	－%	－%	－%

預計
25/26學年
小一學額（人）

沒有提供

學校資料

教學語言：粵語、國語及英語
學校類別：私立獨立
創校年份：2002年
學制：全日
校長：莊美珍（總校長）
收生性別：男女
宗教：不適用
辦學團體：保良局
地址：琵琶山郝德傑道6號
電話：2148 2052
校車服務：有
一條龍中學：保良局蔡繼有學校

直屬中學：/
聯繫中學：/
24/25小一全年學費：$99,825（分11期）

學校網址

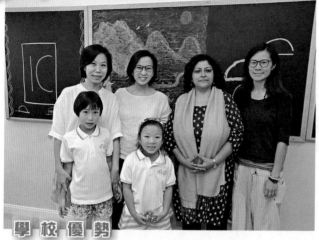

發揮學童創意

　　華德福教育發源自德國，有一百年歷史，全球有超過1600家採用華德福課程的學校。華德福教育透過具有「意志、情感、思想」的全人課程，致力培育學生的韌力、創意、求知慾及社交能力，使其能成長為真正自由的人。教學時糅合活動、遊戲、歌唱、故事、戲劇、優律司美等，重視藝術教育，從多方面鞏固學生在各學科的體驗與知識。

面試須知
面試語言：以粵語、英語進行
面試形式：以集體面試形式，並與家長面談

面試貼士
教師會與小朋友及家長進行面談，以增加對彼此的了解，及對小朋友教育的方向。面談的主題廣泛，如家長與小朋友的第一年生活、睡眠模式、飲食習慣，又或是家長想分享的特別訊息。教師亦會介紹學校的運作，以及家校合作的模式等。

學校優勢
- 按孩子不同時期的成長需要，以大量遊戲、活動、故事及藝術創作等形式進行教學
- 課程上通過藝術、故事及走動，從而培養出對學習的興趣及尊重
- 學校會按學生選擇中文課堂的教學語言意向而決定該班以廣東話或普通話授課

香島華德福學校
Island Waldorf School

教師學歷及專業培訓
（佔全校教師人數%）

教育文憑	碩士/博士或以上	學士	特殊教育培訓
—%	—%	—%	—%

預計
25/26學年
小一學額（人）

沒有提供

學校資料

教學語言：英語及中文
創校年份：2017年
學制：全日
宗教：不適用
校監：徐瑩女士
收生性別：男女
辦學團體：香島華德福學校
地址：石塘咀皇后大道西455號1樓
電話：5114 1451
一條龍中學：/
直屬中學：/

聯繫中學：/
23/24小一全年學費：$132,000

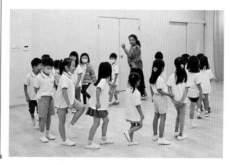

學校網址

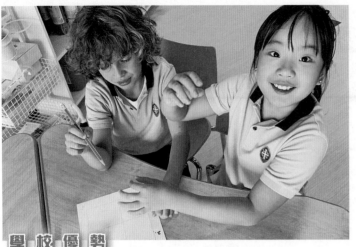

卓越孩子不分彼此

　　威雅學校引入全球知名教育專家顧問團隊，以「每一個孩子都卓越」為辦學理念，及以「致力學術優異、踐行全人教育、厚植中華根基、培育世界英才」為使命。

　　學校為三至十八歲的學生構建的融貫中西教育精粹，培育積極自主的學習者，以及正直卓越的領導者和勇敢堅毅的拓新者

學校優勢

 提供英基課程，當中又以英格蘭和威爾斯課程為基礎

 培養學生的多元發展

特意加入中國語言及文化課程

面試須知

面試語言：英語。
家長面見：有。

香港威雅學校
Wycombe Abbey School Hong Kong

教師學歷及專業培訓
（佔全校教師人數%）

| 教育文憑 —% | 碩士/博士或以上 —% | 學士 —% | 特殊教育培訓 —% |

預計
25/26學年
小一學額（人）

沒有提供

學校資料

教學語言：英文
創校年份：2019年
學校類別：私立獨立
課程：IB-PYP
校長：夏德勤
收生性別：男女
宗教：不適用
校訓：Building Confidence for Life
辦學團體：Wycombe Abbey International Schools

地址：香港仔田灣街17號
電話：2129 7100
學校佔地面積：78,000平方米
校車服務：有
一條龍中學：／
直屬中學：／
聯繫中學：／
23/24小一全年學費：$188,000

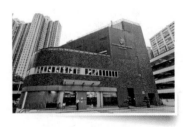

學校網址

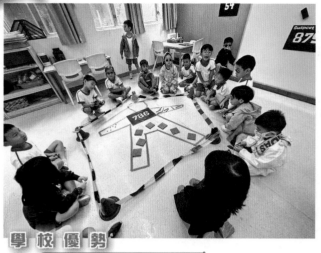

IBPYP重點是讓小孩發展更全面，除了着重學術成績，亦想讓小孩於成長階段建立重要的技能，以助將來長遠發展，創造成就。校方稱：「重要技能包括社交、溝通、思考、自理自律及資料搜集能力。我們重視孩子語言發展，也培養數理分析、解決問題能力。」

學校優勢

- 提供國際文憑小學課程
- 保良局是香港歷史悠久的慈善機構
- 不收取年度收費及債券

面試須知

面試語言：英語。
面試形式：小組形式進行面試，會以英語進行英文及數學遊戲。
家長面見：沒有。

面試貼士

小朋友有足夠的英語能力，能夠以英語參與基於探究的 IB-PYP 課程並積極協作。

保良局建造商會學校
HKCA Po Leung Kuk School

教師學歷及專業培訓
（佔全校教師人數%）

教育文憑	碩士/博士或以上	學士	特殊教育培訓
2%	17%	81%	5%

預計
25/26學年
小一學額（人）

80人

學校資料

教學語言：英語、國語
創校年份：2017年
學校類別：私立
校監/學校管理委員會主席：林健榮先生
學制：全日
校長：David Priest
收生性別：男女
宗教：不適用
是否已成立法團校董會：不適用
校訓：愛、敬、勤、誠
辦學團體：香港建造商會
地址：天后天后廟道62號

電話：3465 8400
校車服務：有
一條龍中學：/
直屬中學：/
聯繫中學：/
家長教師會：有
舊生會/校友會：/
23/24小一全年學費：$119,100
華語及非華語學生比例：6:4
最多學生入讀的三所中學：英基學校、韓國國際學校、法國國際學校

Facebook

學校網址

Instagram

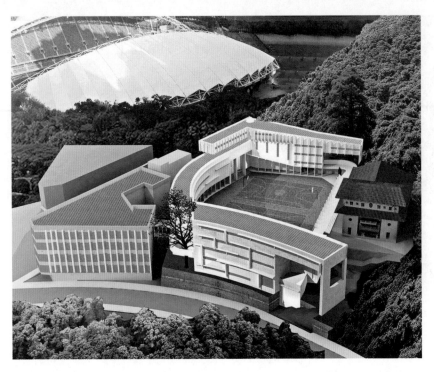

課程為6至9歲和9至12歲的學生提供混齡學習。孩子們在這裡學習有效合作、發揮創造力和深入參與學術活動。課堂以豐富的內容、小組學習和個人能力為支撐，幫助他們做好規劃、研究和解難能力。這種模式有助於加深學習、創新思維和社會關係，為將來做好準備。

學校優勢

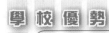
採用蒙特梭利課程

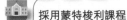
培養學生獨立能力

禮仁小學
Academy of Innovation Primary School (Guidepost)

教師學歷及專業培訓
（佔全校教師人數%）

教育文憑	碩士／博士或以上	學士	特殊教育培訓
—%	—%	—%	—%

預計
25/26學年
小一學額（人）

沒有提供

學校資料

教學語言：英文，國語
學校類別：私立
創校年份：2023年
學制：全日
校長：陳海嘉女士
收生性別：男女
宗教：不適用
辦學團體：Guidepost
地址：銅鑼灣加路連山道77號
電話：5593 5007
校車服務：有
一條龍中學：晉德學校（中學部籌備中）

直屬中學：/
聯繫中學：/
23/24小一全年學費：$152,000（分10期）

學校網址

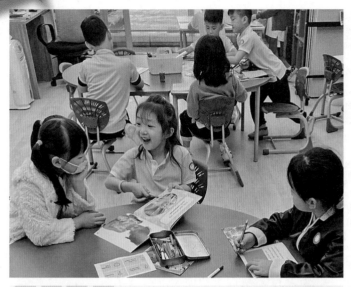

融合中國文化 培養獨特人才

香港道爾頓學校提供以美國共同核心課程（US Common Core）為架構的小學課程。學校會根據每名學生的才能、興趣和需要，度身訂造學習方法，強調培育探索精神、責任感及主動學習的能力。

面試須知

面試語言：以英語及普通話進行，由中英文老師為學生評估。
家長面見：由校長會面家長。

學校優勢

 採用六天循環周

 以「學舍」、「作業」、「實驗」、「課堂」為主要基礎

培育多元文化意識、批判性思維和優秀的語文能力

香港道爾頓學校
Dalton School Hong Kong

教師學歷及專業培訓
（佔全校教師人數%）

教育文憑	碩士/博士或以上	學士	特殊教育培訓
—%	—%	—%	—%

預計
25/26學年
小一學額（人）

未有提供

學校資料

教學語言：英語、國語
創校年份：2017年
學校類別：私立
校長：潘尚融
學制：全日
收生性別：男女
地址：大角咀海輝道10號瓏璽1-2樓
電話：3612 4660
一條龍中學：/
直屬中學：/
聯繫中學：/
24/25小一全年學費：$195,800（分11期繳交）

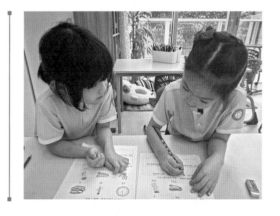

學校網址

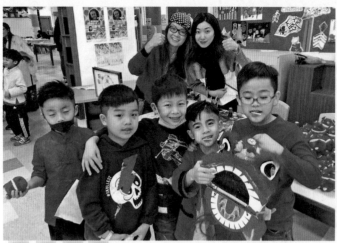

德以為本 學以精華

　　德萃學校採取一條龍教學模式，學校於太子及紅磡設有幼稚園，畢業生可以直升德萃小學，未來小學部的畢業生亦可直升中學部。學校致力提供一個安全、受保護的環境，讓學生可以獲得最好的教育；並且以「德以為本，學以精華」為教學方針，培養頂尖的人才。

學校優勢

- 提供均衡的跨學科知識、技能
- 重視學生語文根基及資訊科技的應用
- 多樣化課外活動，可以深化學生的思考、鞏固自己的學習知識

面試須知

面試語言：以中、英語進行。
面試形式：以小組活動及個人面試形式。

面試貼士

以行為、溝通、創造力、專注、協作、喚起、理解、記憶和解決問題的能力。

德萃小學
St. Hilary School

教師學歷及專業培訓
（佔全校教師人數%）

教育文憑	碩士/博士或以上	學士	特殊教育培訓
—%	—%	—%	—%

預計
25/26學年
小一學額（人）

沒有提供

學校資料

教學語言：英語，普通話
學校類別：私立
創校年份：2016年
校董會主席：徐飛
學制：全日
收生性別：男女
總校長：朱子穎
德萃小學校長：高思敏
地址：大埔運頭街6號（德萃小學）
　　　旺角洗衣街22號（漢師德萃學校）
　　　蒲崗村道91號（神召會德萃書院(小學部)）

電話：2338 7109（德萃小學）
　　　2316 2108（漢師德萃學校）
　　　2338 0701（神召會德萃書院(小學部)）
連繫中學：大光德萃書院
23/24小一全年學費：$88,946（分11期）

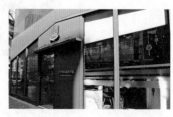

Facebook

學校網址

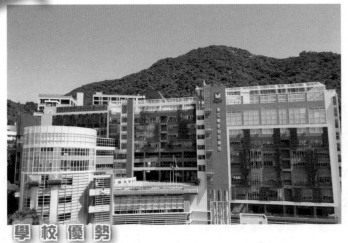

了解中國文化 訓練國際視野

滬江維多利亞學校致力讓學生追求卓越及學術成就，建立學生有國際視野並具中國傳統文化的認識。作為一間提供國際文憑課程的學校，課程包括小學項目（PYP）、中學項目（MYP）和預科項目（DP）課程。小學的課程，需要學生透過反思，作出明智的選擇，並且透過參與社會服務、海外的活動，擴大學生對社區以至世界的認識。

學校優勢

 重視學生的雙語發展

 學生可利用資訊科技進行探究、創新、溝通、協作和組織

老師會以電子學子學習檔案展示學生的學習進度及對學科的理解

面試須知

面試形式：須展示擅於中文或英語的語文能力、合群能力、積極學習，亦會參考幼稚園的成績及表現。

面試貼士

家長資訊晚會於入學前一年的2月或3月舉行。

滬江維多利亞學校
Victoria Shanghai Academy

教師學歷及專業培訓
（佔全校教師人數%）

教育文憑	碩士/博士或以上	學士	特殊教育培訓
—%	—%	—%	—%

預計
25/26學年
小一學額（人）

沒有提供

學校資料

教學語言：英語、國語
學校類別：私立
校長／總校長：孔美琪博士
小學部校長：Mr. Ross Dawson
校監：林貝聿嘉博士
地址：香港仔深灣道19號
電話：3402 1100
收生性別：男女
23/24小一全年學費：$158,300（分10期）

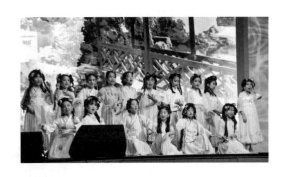

學校網址

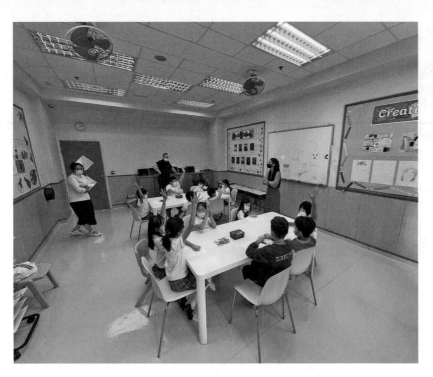

發掘學生多元潛能

　　學校透過合作學習及跨學科學習，發展學生探究及延伸學習的能力，發掘學生的音樂、體育及藝術潛能，以提供優質全人教育，同時希望能在多元文化的環境下讓學生得以全面發展及培養他們的世界觀。

學校優勢

- 英語課程因應學生的學習興趣及能力，作出相應調適
- 鼓勵學生多閱讀多寫作，提升讀寫及表達能力

英藝小學暨幼稚園
Zenith Primary School & Kindergarten

教師學歷及專業培訓
（佔全校教師人數%）

教育文憑	碩士／博士或以上	學士	特殊教育培訓
60%	20%	80%	0%

預計
25/26學年
小一學額（人）

沒有提供

學校資料

教學語言：粵語、國語、英語
創校年份：2019年
學校類別：私立
校監／學校管理委員會主席：李小萍
學制：全日
校長：李柏慧
收生性別：男女
宗教：不適用
是否已成立法團校董會：不適用
校訓：仁智勤誠
辦學團體：英藝國際教育機構

地址：天水圍天水圍市地段第2號餘段嘉湖山莊賞
　　　湖居地下及1樓
電話：2690 1828
學校佔地面積：約3,000平方米
校車服務：有
一條龍中學：／
直屬中學：／
聯繫中學：／
家長教師會：無
舊生會／校友會：無
23/24小一全年學費：$85,800（分11期）

學校網址

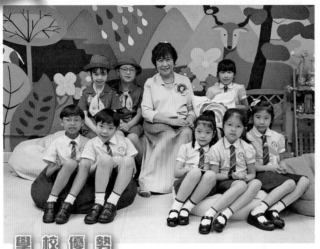

豐富語言環境 啟迪兩文三語

　　按學生的不同需要提供適切課後訓練或小組課堂學習，以提升其學習效能。老師就不同主題設計多元化的活動，訓練學生的說話、寫作及匯報技巧等，高年級開設面試技巧訓練。

學校優勢

透過基督教全人教育，培育學生擁有基督品格

重視生活與學習的連結，推行多項特色校本課程

推行正向教育並教導學生七個良好習慣

面試須知
面試語言：粵語、國語及英語。
家長面見：沒有。

面試貼士
主動投入，積極回答問題。

基督教香港信義會啟信學校
ELCHK Lutheran School

教師學歷及專業培訓
（佔全校教師人數%）

教育文憑	碩士/博士或以上	學士	特殊教育培訓
88%	38%	100%	10%

預計
25/26學年
小一學額（人）

75人

學校資料

教學語言：英文
創校年份：2016年
學校類別：私立
校監/學校管理委員會主席：張振華
學制：全日
校長：王雲珠
收生性別：男女
宗教：基督教
是否已成立法團校董會：不適用
校訓：信望愛
辦學團體：基督教香港信義會
地址：元朗安信街10號

電話：2479 1830
學校佔地面積：約4,004平方米
校車服務：有
一條龍中學：/
直屬中學：/
聯繫中學：/
家長教師會：無
舊生會/校友會：無
23/24小一全年學費：$64,000（分10期繳交）

學校網址

蘇浙小學國際班 Kiangsu & Chekiang Primary School, International Sections

　　蘇浙小學提供主流教育以外的教育方案，秉持培養學生具中國傳統文化的美德，在德、智、體、群、美各方面成為完人。在中國文化的基礎上，學校亦尊重多元文化及價值，並且利用學校多元種族的特質，擴闊學生視野。

　　此外，學校十分注重語文的培養，因為學校認為語言能力與人的思維是有緊密的連繫，雖然英語是主要的教學語言，然而普通話亦會被廣泛學習。

　　學校期望學生透過學習能成為負責任、具同理心、有探究精神的新一代，而且無論他們到那裏都能持續發展和具自學能力。

地址：北角寶馬山道20號（小二及以上級別）、
　　　北角清華街30號（幼稚園及小一）
電話：2570 1108（寶馬山）/
　　　2570 4594（清華街）
級別：小學及中學
主要教學語言：英語及國語
提供的學額*：1,040（全校）
創辦年份：1993
2023/24小一學費：（港元）$94,500
課程：英語課程、IB

思貝禮國際學校 Shrewsbury International School

　　於2018年開辦的英國學制學校，專為三歲至十一歲的學童而設。思貝禮國際學校是以其姊妹校Shropshire為基礎，該校是由Royal Charter建於1552年，亦是英國著名的學校之一。

地址：將軍澳石角路10號
電話：2480 1500
級別：小學
主要教學語言：英語
提供的學額：408（全校）
創辦年份：2018
2023/24小一學費：（港元）$193,500
課程：英語課程

香港墨爾文國際學校 Malvern College Hong Kong

　　香港墨爾文國際學校承傳了英國著名學校Malvern College，該院校亦是首批採用IB課程的英國學校之一，憑藉Malvern College逾二十五年的IB課程教學經驗，在完備的課程下，香港墨爾文國際學校致力培養學生成為具優勢及能力的人才，學校注重全人教育外，亦會培養學生普通話和學習簡體中文的能力。承傳了傳統英國寄宿學校的精神，學校採用小班教學，亦會作出個人輔導以及照顧、牧養，同時在教導達致課業成績的同時，亦注重學生的藝術、體育、音樂，甚至對社區服務的培養。期望學生能建立自信、有主見和具良好的社交能力。自2018年開學，位處香港科學園毗鄰，學生可在優良的學習環境下學習。

地址：白石角科進路3號
電話：3898 4688
級別：小學及中學
主要教學語言：英語
提供的學額：1,056（全校）
創辦年份：2018
2023/24小一學費：（港元）$182,820
課程：英語課程

英基畢架山小學 BEACON HILL SCHOOL

畢加山小學開設十八班供五歲至十一歲的學童就讀，另外還開設學習支援班。學校的學生來自逾三十個國家，國際化的環境令校園氣氛生氣盎然，豐富了校園生活體驗。

地址：九龍塘義德道23號
電話：2336 5221
級別：ESF 小學
主要教學語言：英語
提供的學額：540
創辦年份：1967
2023/24小一學費：（港元）$126,200
課程：IB

英基白普理小學 Bradbury School

白普理小學關懷學生，讓他們在備受愛護的環境下接受最優質的全人教育。學生在優質的師資下，積極鼓勵學習，成績斐然。學校鼓勵學生獨立思考，培養他們對周圍世界事物的好奇心，發展學習技能，在二十一世紀全球化環境下成為領袖人物。學校開設學習支援中心，為有中度學習困難的學童提供適切的教育。

地址：香港司徒拔道43號C
電話：2574 8249
級別：ESF 小學
主要教學語言：英語
提供的學額：720
創辦年份：1980
2023/24小一學費：（港元）$126,200
課程：IB

英基清水灣小學 Cleanwater Bay School

清水灣小學提供第一至六年班的國際化教育。學校注重建立一個安全和溫暖的學習環境，培養學生對關懷、尊重和對不同文化的理解。學校重視多元文化，學生來自超過三十個地區。學校根據IB PYP課程，提供生動及具挑戰性的探索性課程，從而發展學生的創意、自信心及精益求精的態度。在全面性的課程下，學生可以達至高水平的學術成就並重視藝術、體育及運動。家校亦會作緊密的合作，確保每一個學生都得到最好的教育。

地址：西貢清水灣道 DD229地段235號
電話：2358 3221
級別：ESF 小學
主要教學語言：英語
提供的學額：700
創辦年份：1992
2023/24小一學費：（港元）$126,200
課程：IB

英基己連拿小學 Glenealy School

位處半山的己連拿小學，讓學生在備受關懷、友好及有充足支援的環境中成長，並鼓勵所有學生在校園生活的各方面竭盡所能，爭取佳績。學校積極擴闊學生視野、鼓勵學生彼此包容及尊重，藉此融匯校內的多元文化。學校根據IB PYP制訂校內課程，所有學生均以「探究為本」的方法學習，教師鼓勵學生透過提出問題、調查研究、尋找答案及採取相關行動以加添學習的意義，探索各種概念和思想。課程注重讀寫及數理知識，以及透過現代科技去令學生投入學習。學校的目標是培養快樂及全面的學生，並發展他們的終身學習技能。學生更會獲得寶貴機會參與決策及承擔其校園及以外生活各方面的責任。

地址：半山香雪道7號
電話：2522 1919
級別：ESF 小學
主要教學語言：英語
提供的學額：330
創辦年份：1959
2023/24小一學費：（港元）$126,200
課程：IB

英基堅尼地小學 Kennedy School

學校毗鄰香港大學何鴻燊體育中心，學生可享用該中心的游泳及體育設施，而音樂和表演藝術也是學校的強項之一。課程根據IB PYP制訂，與英格蘭國家課程銜接，並因應亞洲區學童的需要作調整。學生來自世界各地，融匯多元文化。在第一及第三學期，所有學生均參與游泳課，學校每天會舉辦普通話課及多元化的課外活動，培養學生的多元智能。

地址：薄扶林沙灣徑19號
電話：2855 0711
級別：ESF 小學
主要教學語言：英語
提供的學額：900
創辦年份：1961
2023/24小一學費：（港元）$126,200
課程：IB

英基九龍小學 Kowloon Junior School

九龍小學是一間大型的五班制學校，共有九百名學生，學生來自三十多個國家。學校的使命是提供一個「安全、互助和富有愛心的環境，學校的信念和價值觀反映了對多元文化的尊重」。另外，學校亦開設學習支援班，為有中度學習困難的學童提供所需設施。

地址：何文田巴富街20號
電話：3765 8700
級別：ESF 小學
主要教學語言：英語
提供的學額：900
創辦年份：1902
2023/24小一學費：（港元）$126,200
課程：IB

英基山頂小學 Park School

山頂小學在一九五四年遷往現址，課程是根據IBO PYP制訂，以「探究為本」的方法學習，培養學生發展開明的思索態度、自信心、愛心和國際視野。山頂小學擁有十分豐富的資源和專業的教師，另外學校開設學習支援班，為有中度學習困難的學童提供所需設施。該校是少數在香港擁有大面積遊樂場的學校，供所有學童於小息及午休時遊玩，增進學校「大家庭」的氣氛。

地址：山頂賓吉道20號
電話：2849 7211
級別：ESF 小學
主要教學語言：英語
提供的學額：350
創辦年份：1911
2023/24小一學費：（港元）$126,200
課程：IB

英基鰂魚涌小學 Quarry Bay School

鰂魚涌小學於一九八五年遷往港島東北面寶馬山的新校舍，辦學宗旨是鼓勵學童寓學習於活動，從中享受學習，發展成為自信、快樂及成功的個體。學校相信所有孩子都具有可發展的才能，不論能力強弱都能夠學有所成。故此，學校教育政策的重要一環是為孩子提供平等機會，校園生活的每一方面皆貫徹這個原則。

地址：北角寶馬山道校園徑６號
電話：2566 4242
級別：ESF 小學
主要教學語言：英語
提供的學額：700
創辦年份：1926
2023/24小一學費：（港元）$126,200
課程：IB

英基沙田小學 Sha Tin Junior School

沙田小學與沙田學院共用校園，校舍設施包括游泳池、運動場、體育館及圖書館等。學生來自多個不同國家，修讀以探究為本的IB小學課程。沙田小學的教職員極之投入教育工作，是一支既專業且對工作充滿熱誠的團隊。學校開設學習支援班，為有中度學習困難的學童提供所需設施。

地址：沙田火炭麗禾里3A號
電話：2692 2721
級別：ESF 小學
主要教學語言：英語
提供的學額：900
創辦年份：1988
2023/24小一學費：（港元）$126,200
課程：IB

American School Hong Kong

American School Hong Kong（ASHK）是位於大埔的一條龍國際學校，由擁有超過45年歷史及全球最大的美國國際學校運營商的Esol Education教育集團於二〇一六年創立。

學校以英語為教學語言，為小學預備班至十年級學生提供優質美式國際課程，以美國標準課程（US Common Core）及新一代科學教育標準（NGSS）為課程的學習架構。ASHK十分注重STEAM領域的發展，小學及中學教師將STEAM教學融入課程，着重於跨學科整合學習，培養學生探究、協作及思辨的能力。

ASHK獲得國際文憑組織（IBO）認證，為第11至12年級學生提供International Baccalaureate® Diploma Programme（IBDP）課程。課程根據IBDP為本的教學為目標，注重訓練學生批判及分析思維。另外，學校亦取得美國Western Association of Schools and Colleges（WASC）學校認證委員會的全面認可資格，擁有嚴謹的學術課程，教師團隊更具有專業的海外教育經驗，配合豐富及多元化的課外活動，全面的教學課程能培養學生發展21世紀的技巧與能力。

地址：大埔馬聰路6號
電話：3919 4100
級別：小學及中學
主要教學語言：英語
提供的學額：501（全校）
創辦年份：2016
2023/24小一學費：（港元）$178,000
課程：美國課程

Nord Anglia International School, Hong Kong

香港NAIS於二〇一四年九月成立，開設第一年至第九年級。是Nord Anglia Education繼中國內地、東南亞、歐洲、北美和中東地區的第三十一所優質學校。全球共有三千五百位教師，學生人數亦多達二萬多位。

NAIS依從英聯邦的課程，加上高效學習的現代教學理念，發展成具特色並符合國際需要的課程。學校採小班教學，每班約二十二人，致力照顧各學生的需要。

NAIS致力於卓越教育，學生的最終成績遠高於世界平均水平，超過九成的學生獲心儀的大學錄取。NAIS的辦學宗旨是透過提供一個安全、關愛、愉快的學習環境，讓學生能發展及發揮其天賦才能。學校重視培養學生發展興趣和才能，並致力讓學生成為懂得自尊自重、尊重他人，進而能成為全球公民，為世界作出貢獻。

地址：藍田安田街11號
電話：3958 1488
級別：小學及中學
主要教學語言：英語
提供的學額：1,392（全校）
創辦年份：2014
2023/24學費：（港元）$182,100
課程：英國課程

大嶼山國際學校 Lantau International School

大嶼山長沙上村22號
電話：2984 0302

大嶼山塘福塘福村113號
電話：2980 3676

地址：大嶼山貝澳老圍村17-19號
電話：2984 0302
級別：小學
主要教學語：英語
提供的學額*：211
創辦年份：1995
2024/25學費：（港元）$95,300（分10期）
課程：英國課程

大嶼山國際學校位處大嶼山，共有三間分校，分別位於貝澳、長沙及塘福，並在綠色的環境下實踐英語小學教育。L.I.S.致力培育學生全人的發展，並期望在學業與社交能力上都能發展完美。

*各分校合共提供的學額

香港加拿大國際學校 Canadian International School Of Hong Kong

香港加拿大際學校 (CDNIS)）是一所非牟利學校，提供IB課程予三歲至八歲（Grade 12）的小朋友，逾千的學生來自四十一個國家。

除了IB課程外，學校亦被Ontario Secondary School Diploma (OSSD)所認可，因而學生在升學上有雙重保障。位處港島南區的校舍，景色怡人，學生可以在舒適的環境下學習，學校主要的教學語言為英語，亦鼓勵學生修讀普通話或法語為第二語言。學校注重培養學術成就外，在科學、體育、藝術領域亦同樣看重，並且強調培養學生的國際視野和全球意識，使學生能面對未來的挑戰，以及肩負起成為全球公民甚或領導人的責任。

地址：香港仔南朗山道36號
電話：2525 7088
級別：小學及中學
主要教學語言：英語
提供的學額：1,754
創辦年份：1991
2023/24小一學費：（港元）$174,000
課程：IB

德思齊（加拿大）國際學校 DSC International School

德思齊（加拿大）是一所私立國際學校，提供一年級至十二年級的加拿大教育課程。學校採用小班教學，並且提供四十多種不同領域的課外活動，藉以培養學生多方面的才能。活動均由學校的教職員帶領下，學生透過所提供的課外活動，不單可以學到新技能，同時亦可培養合群性及發展社交的能力。

小學課程除了健康和體育、藝術、戲劇和舞蹈、視覺藝術和音樂外，還專注於四個核心學術領域，包括英語、數學、科學和技術、社會研究。至於語言的學習，除了英語外，亦學習其他國際語言，如法語、日語和普通話。另外，亦會鼓勵學生積極參與社區的活動，貢獻社會。

對於非以英語為母語的學生，學校提供第二語言課程，而且還分有初級、中級及高級課程，以作調適。

從九年級開始的高中課程，會依據加拿大安大略省的中學文憑課程，所有畢業生均獲得加拿大安大略省中學文憑，該文憑獲得國際認可，畢業生學歷更被全球各所大學所認可。

地址：鰂魚涌太古城太豐路5-7 號
電話：3658 0400
級別：小學及中學
主要教學語言：英語
提供的學額：1,467（全校）
創辦年份：1986
2024/25學年學費：（港元）$149,000（分10期）
課程：加拿大課程

京斯敦國際學校 Kingston International School

京斯敦國際學校採用IB小學課程，提供五歲至十一歲的課程，並且獲得香港品質保證局之ISO 9002品質認證的國際學校。學校注重培育學生的全面發展，致力培養學生具備國際視野、喜愛終身學習，並成為身心健康的全人。

學校注重中英雙語課程，聘用合資格、以英語或普通話為母語的教師任教，學校亦配套有語文資源及資訊科技的設備。課程上實施一系列探究式學習，讓學生透過解難的挑戰，學習自行解決問題和群體的合作。

地址：九龍塘窩打老道113號
電話：2337 9031
級別：小學
主要教學語言：英語及國語
提供的學額：277（全校）
創辦年份：2002
2023/24小一學費：（港元）$147,000（分10期）
課程：IB

法國國際學校 French International School

法國國際學校提供法國及國際學制課程，學生可報考法國國家考試、Brevet和French Baccalaureate，或者IGCE（劍橋大學考試）和國際文憑（IB）課程。

地址：柴灣祥民道1號
電話：2975 1504
級別：小學及中學
主要教學語言：英語及法語
提供的學額*：876 / 1,900
創辦年份：1963
23/24小一學費：（港元）
(法)$132,048 / (IB)$142,813
課程：IB、法國課程

地址：渣甸山裴樂士道34號
電話：（法）2894 1103
　　　（IB）2894 1104
級別：小一及中學
主要教學語言：英語及法語
提供的學額*：876 / 1,900
創辦年份：1963
23/24小一學費：（港元）
(法)$132,048 / (IB)$142,813
課程：法國課程、IB

地址：將軍澳唐賢街28號
電話：（法）3618 7210
　　　（IB）2894 1104
級別：小學及中學
主要教學語言：英語及法語
提供的學額*：876 / 1,900
創辦年份：1963
23/24小一學費：（港元）
(法)$132,048 / (IB)$142,813
課程：法國課程、IB

*各分校合共提供的學額

哈羅香港國際學校 Harrow International School Hong Kong

哈羅香港國際學校是香港首間寄宿及全日制國際學校。至今低年班和高年班共有一千一百八十位幼稚園至中學13年班學生，沿用英國哈羅公學的教育理念、教學方法和傳統，而且融入香港多元及國際化的社會中。

哈羅香港的願景是：「為未來更美好的世界培育領導人才」（Leadership for a better world），培養擁有不同背景和潛能的學生，使其具備終身學習的能力和領航力特質，積極奉獻社會，成就精彩人生。學校期盼賦予學生出類拔萃的個人品質，喚醒他們的前瞻性思維，以領航瞬息萬變的新時代。

學制上，小學部（1至5年班）修讀英國制National Curriculum of England（2014）課程，初中部（6至8年班）以英國制National Curriculum為基礎，提供技能導向的課程。

地址：屯門青盈路38號
電話：2824 9099
級別：小學及中學
主要教學語言：英語
提供的學額：1,455（全校）
創辦年份：2012
2023/2024小一學費：（港元）$185,680
課程：英國制

宣道國際學校 Christian Alliance International School

宣道會設立宣道國際學校，致力在和諧和友愛的環境下，培養學生在身、心、靈的發展，使學生能在學術上有所成就。學校期望學生正直、具備知識和技能之餘，亦有洞察力兼具服務社會人群的基督精神。

學校秉承一貫的教育理念：追求卓越，培養每位學生才能，培養對上帝的愛和認識神的旨意，以及了解對他人的需要。學校為培養學生的全人發展，有多樣化的課外活動，範疇包括音樂、體育、戲劇等，除了提供愉快的學習環境，學校亦致力培養學生二十一世紀世界所需要的技能。

地址：長沙灣瓊林街33號
電話：3699 3899
級別：小學及中學
主要教學語言：英語
提供的學額：1,606（全校）
創辦年份：2017
2024/25學年學費：（港元）$147,600（分10期）
課程：加拿大課程 / IBDP

美國國際學校 American International School

美國國際學校（AIS）是一所完全被認可、獨立、男女同校的國際學校。自一九八六年成立以來，為來自數十個國家數百位學生提供由幼兒至Grade 12的美國學制的課程。

學校提供全面、嚴謹的學科課程，並以學生為中心的教學模式，帶領學生全人的發展，並着力培養學生終生學習，最終更可成為全球的公民。除了正規課程外，學校提供豐富而多元化的課外活動，包括視覺及表演藝術、各類體育項目，並且設有體驗式學習機會，以及具挑戰性的領導訓練課程。

學校的Grade 3至Grade 11年級的學生都會參加美國標準測驗，Grade 8年級開始便有考試。大學預科考試將在5月舉行。AIS是經批准的AP和SAT考試中心。AIS得到Western Association of Schools and Colleges的全面認證，並且是East Asia Regional Council of Schools和U.S. National Association of Independent Schools的成員成績備受美國和國際上享負盛名的大學和學院所認可。

地址：九龍塘窩打老道125號
電話：2336 3812
級別：小學及中學
主要教學語言：英語
提供的學額：900（全校）
創辦年份：1986
2024/25學年學費：（港元）$145,800
課程：美國課程

香港日本人學校 Hong Kong Japanese School Japannese Internatiional School

香港日本人學校（JIS）的大埔校舍是一所國際小學，為學生提供IB小學課程。 學校以英語授課，但允許學生學習普通話或日語作為第二語言。在靠近大埔郊野公園的校舍，是一所社區學校，學校經常提供一些社區活動，讓學生能從中得以發展及成長。大埔校舍另設日文部，並且是一所非牟利小學，而且只收以日語為母語的學生，課程亦得到日本認可。

至於藍塘道校舍的香港日本人學校，是一所註冊的國際學校，遵循日本課程，覆蓋中小學校級別。有兩個獨立的校區，小學部分位於跑馬地，中學部位於寶馬山。

地址：新界大埔大埔公路4663號
電話：2652 2313 / 2834 3531
網址：www.jis.edu.hk
級別：小學
主要教學語言：日語及英語
提供的學額：630 / 170
創辦年份：1997
2023/24小一學費：（港元）
（日）$61,200 / （國）$27,400
（分3期）
課程：日語課程 / IB

地址：跑馬地藍塘道157號
電話：2574 5479
網址：www.hkjs.edu.hk
級別：小學及中學
主要教學語言：日語
提供的學額：540（全校）
創辦年份：1966
2023/24小一學費：（港元）
$61,200
課程：日語課程

香港國際學校 Hong Kong International School

香港國際學校（HKIS）是一所私立男女校，提供由Reception One（幼兒班）至Grade 12年級的課程。自一九六六年成立以來，HKIS一直以基督教精神為基礎提供美式教育。在多元化、國際化的融和環境及課程中，學生得以成長，而學校不斷改進的設施亦提升了學生的學習體驗。現時約有來自四十多個國家二千多位學生。

學校於港島南設有兩個校區共有四個部門：初小（學前至Grade 2）、高小（Grade 3至Grade 5）、中學（Grade 6至Grade 8）、高中（Grade 9至Grade 12）。香港國際學校獲Western Association of Schools and Colleges所認可，同時是East Asia Regional Council of Schools的成員。

地址：大潭紅山道1號
電話：3149 7001
級別：小學及中學
主要教學語言：英語
提供的學額*：2,970（全校）
創辦年份：1966
2024/25學年學費：（港元）
$240,800（分2期）
課程：美國課程

地址：淺水灣南灣坊23號
電話：2812 5000
級別：小學及中學
主要教學語言：英語
提供的學額*：2,930（全校）
創辦年份：1966
2024/25學年學費：（港元）
$240,800（分2期）
課程：美國課程

*各分校合共提供的學額

香港猶太教國際學校 Carmel School Hong Kong

香港猶太教國際學校是一個提供全面教育的學校，課程由幼兒園至Grade 12課程，在Carmel小學部更會採取IB PYP課程，透過課程可以訓練學生掌握資訊、分析資訊，甚至訓練他們具批判性思考及分析的能力，以及對知識追求的熱忱，最終更可成為領導者。

學校以英語教學為主，但亦提供普通話和希伯來文的學前教育，另外學生亦可選擇學習法語。如果英語是學生的第二語言（ESL），學校設有增潤課程，通過學生一對一和小組課程，令學生可以接軌英語教學。

Carmel除了重視培養學生的學術成就，同樣重視學生的全人發展，並會發掘學生的興趣及才能，因材施教發揮每個學生的卓越領域成就。另外，學校強調家校合作，使孩子能得到支持及充分的發展。

小學的學習重點，包括訓練學生成為探究者、思想家、傳播者，兼具理性、關懷、開放、平衡和反思的能力。為訓練學生的好奇心，懂得探索問題及解難方法，故課程上強調探索、思考及質疑。

地址：半山波老道10至12號
電話：2964 1600
級別：小學及中學
主要教學語言：英語
提供的學額*：608（全校）
創辦年份：1991
2024/25學年學費：（港元）$183,850（分10期）
課程：IB

*各分校合共提供的學額

香港學堂國際學校 Hong Kong Academy

香港學堂國際學校是一間獨立非牟利男女校，提供三歲至十八歲的IB課程。

以探究學習為基礎，提供全面以學生為中心的課程，教學語言以英文為主，至中學則會提供普通話、西班牙文及法語的學習。

地址：西貢惠民路33號
電話：2655 1111
級別：小學及中學
主要教學語言：英語
提供的學額：624（全校）
創辦年份：2000
2024/25學年學費：（港元）$213,500（分10期）
課程：IB

香港澳洲國際學校 Australian International School

香港澳洲國際學校 (AISHK)），自成立以來，一直以英語教學並致力成為世界級的國際學校，透過學校鼓勵學生積極參與、發揮自我的才能，具國際視野之餘亦能成為世界公民。

學校會依從澳洲的文化及價值觀辦學，包括追求卓越、平等、關愛、多元文化的認識等，所提供的課程由四歲至Year 12，除了澳洲課程外，亦提供IB課程供高年級學生選擇。過去便有九成八的畢業生能於澳洲或世界其他知名大學升學。

而作為一間非牟利的辦學機構，學校亦會積極投放資源在學校的建設上。

地址：九龍塘羅福道3A號
電話：2304 6078
級別：小學及中學
主要教學語言：英語
提供的學額：1,296（全校）
創辦年份：1995
2024/25學年學費：（港元）$164,700（分10期）
課程：澳洲課程 IB

挪威國際學校 Norwegian International School

位於大埔的挪威國際學校（NIS），由幼稚園至小學的課程均以英語為主，學校既有基督教文化同時亦與社區有緊密聯繫。

位於錦山路的小學校園，有寬敞的綠色環境，大面積的戶外空間以及運動的場所，可以讓學生愉快、活潑、健康地成長。

NIS有強大的教牧照顧學生，讓他們能達致學業成績外，心靈亦一同成長，從而培養他們成為具智慧、有誠信，有自我價值觀，又能面對不斷變化的國際社會環境下的各項挑戰。

學校提供英國「國際小學課程」(IPC)、課程，這些課程被九十多個國家及一千八百多所學校所使用。而且課程是建基於現代對兒童如何學習和處理信息的理論而發展，並讓學生於探究學習中成長。

地址：大埔錦山路170號
電話：2658 0341
級別：小學
主要教學語言：英語
提供的學額：168
創辦年份：1994
2023/24小一學費：（港元）$120,700
課程：IPC

朗思國際學校 Think International School

朗思國際學校認為要面對二十一世紀互聯網的世界及知識不斷澎漲的挑戰，學校所提供的IB課程可帶領學生成為終身學習者，而且學校致力讓學生成為有自信、懂尊重、熱愛自然的世界公民。

學校提供一個安全、全面支援並以小朋友為中心的學習環境，三歲至十一歲的小朋友就讀該校，可透過國際化的課程，開放思維並具全球視野，最終學生能發揮所長，展現才能。

地址：界限街117號地下
電話：2338 3949
級別：小學
主要教學語言：英語
提供的學額：150（全校）
創辦年份：1968
2023/24小一學費：（港元）
$126,000（分10期）
課程：IB

啟歷學校 Kellett School, The British International School

成立於一九七六年的啟歷學校，為香港英語人士提供一個高質量的英式教育，學校透過校內的課程和廣泛知識的傳授，培養充滿自信兼且對學習具興趣的學生。

學校設有兩個校園—薄扶林和九龍灣校園，薄扶林校園提供預備班課程，九龍灣校園除設預備班之外，亦有較高年級的課程。學校課程包括Early Years Foundation Stage、由最初的課程至涵蓋GCSE、IGCSE和A levels的English National Curriculum。

地址：九龍灣臨興街7號	地址：薄扶林華富邨華樂徑2號
電話：3120 0700	電話：3120 0700
級別：小學及中學	級別：小學及中學
主要教學語言：英語	主要教學語言：英語
提供的學額*：1,590（全校）	提供的學額*：1,590（全校）
創辦年份：1976	創辦年份：1976
2023/24小一學費：（港元）$190,300（分10期）	2023/24小一學費：（港元）$190,300（分10期）
課程：英語課程	課程：英語課程

*各分校合共提供的學額

康樂園國際學校 International College Hong Kong

康樂園國際學校具逾三十年的小學教育經驗，提供探究式IB課程外，亦會為學生打好英語及數學的知識基礎，此外，學校有中文課程以加強學生的普通話能力。

學校坐落於環境優美的地方，空氣清新，學生於校園內可以種植蔬菜、花卉，設有大型比賽場地、操場、籃球場等，戶外的空間可讓學生盡情玩樂，甚至成為學生戶外學習的場所。

除了幼稚園及小學外，學校於沙頭角設有中學部，讓學生能在該校一條龍學習。

在學術上，學校強調愉快學習，並致力培養學生的學習熱情、開放的態度和自信。另外，設有體育、音樂、創新科技及藝術等課程，讓學生能發揮自我的潛能，並且通過多元化的課外活動，豐富學生的學習經驗。最終學校期望學生能成為具創造力、有探究精神的新一代。

地址：大埔康樂園第二十街3號
電話：3955 3000
級別：小學
主要教學語言：英語
提供的學額：336
創辦年份：1984
2024/25學年學費：（港元）$140,880（分3期）
課程：IB

愉景灣國際學校 Discovery Bay International School

創立逾四十年的愉景灣國際學校（DBIS），提供由三歲至十六歲、由幼稚園至中學的課程，完備的設施讓來自四十個國家約一千位學生，可以在完善的環境努力學習。

地址：大嶼山愉景灣
電話：2987 7331
級別：小學及中學
主要教學語言：英語
提供的學額：950（全校）
創辦年份：1983
2024/25學年學費：（港元）$138,100（分3期）
課程：英國課程

港灣學校 The Harbour School

港灣學校是一所國際學校，教學重點除了培養學生在核心科目中的讀寫及運算能力，同時亦會加強科學、社會及歷史研究、修辭學、藝術等範疇的學習，讓學生在各個領域中得以成長。

學校會採取小班教學，通常師生比例為1:8。教師和學生來自超過二十八個國家，創造了學校的多元文化。課程中，通過角色扮演讓學生了解歷史；科學科亦會通過互動性學習和實驗，讓學生更易掌握。此外，學生可以在長五十呎的帆船上，學習海洋科學，這艘帆船更被稱為戶外教室。從互動式的學習課程中，學生可以學會清楚表達自己的觀點，亦能聽取他人的意見，創造更多的學習可能性。

學校期望學生能發展不同的興趣，並能在低師生比率下，各人都可從興趣中發展所長。同樣地因為師生比率低，每位教師可以按學生所需而作出調適，如對有潛質的學生可加深課程，對有需要的學生亦可剪裁課程。透過以學生為中心的課程，學校期望能培養學生的批判性思考和分析，創造他們的自信和毅力，甚

至養成公民意識和責任，最終能成為專業製造者、創新學習者，以至成為跨地域、具國際視野的公民。

地址：鴨脷洲鴨脷洲橋道332號
電話：3905 0180
級別：小學及中學
主要教學語言：英語
提供的學額*：426（全校）
創辦年份：2007
2023/24小一學費：（港元）$213,200（分10期）
課程：美國課程

地址：鴨脷洲利枝道138號鴨脷洲中心地下低層A-D舖及地下高層D-E舖
電話：3708 9060
級別：小學及中學
主要教學語言：英語
提供的學額*：426（全校）
創辦年份：2007
2023/24小一學費：（港元）$213,200（分10期）
課程：美國課程

*各分校合共提供的學額

新加坡國際學校 Singapore International School (Hong Kong)

一九九一年，新加坡國際學校於堅尼地城建校（SISHK），當時只有約二百個學生，至一九九五年SISHK搬至香港仔新校舍，中學部亦至二〇一二年才成立，至今學校共有逾千個來自二十多個國家的學生。

學校堅持雙語—英語及普通話課程，加上學生來自多個國家，造就校園的獨特多元文化，學習環境獨特亦有利於學生的成長和發展才能。學校重視學與教，致力培養學生創新的精神，同時亦積極鼓勵學生參與社區活動或者課外活動，讓學生透過活動，能培養學生具自信、能迎接挑戰、擁世界視野，繼而能成為世界公民！

此外，新加坡國際學校的學生，除了在雙語的學習中獲得優勢外，無論在IGCSE或IBDP中都能考取佳績！

地址：香港仔南朗山道23號
電話：2872 0266
級別：小學及中學
主要教學語言：英語及國語
提供的學額*：1,426（全校）
創辦年份：1991
2023/24小一學費：（港元）$149,700
課程：新加坡課程

漢基國際學校 Chinese International School

漢基國際學校（CIS）自一九八三年成立以來，提供由Reception至Year 13英語、普通話雙語課程，約千五位學生分別來自約三十個國家。學校特別強調將中國文化融入課程中，報讀Reception至Year /的學生可以沒有中國文化或普通語的認識，學校會提供循序漸進的課程，小學階段Year 1至Year 6的學生修讀CIS特設的小學課程，Year7至Year 13則修讀IB MYP和IB DP課程。

地址：北角寶馬山校園徑1號
電話：2510 7288
級別：小學及中學
主要教學語言：英語及國語
提供的學額：1,544（全校）
創辦年份：1983
2023/24小一學費：（港元）
$258,200，年度建校費$28,000
課程：IB

蒙特梭利國際學校 The International Montessori School

非牟利的蒙特梭利國際學校（IMS）於二〇〇二年成立，採用雙語教學，主要課程以英語教學，中文則應用普通話，目的是期望在多元學習環境中，能培養學生具愛心、能支持和尊重社區，並且能貢獻自己的個體。

供三歲至十二歲的小朋友入學，目前就讀的學生來自超過四十個國家。學校率先開設以蒙特梭利的多元感官和互動方式為基礎的中文課程，獨特個性化的課程亦被認為是領先世界的蒙特梭利雙語課程。每個IMS課堂都由一位以英語為母語和以普通話為母語的兩位老師組成，經過這樣的精心設計，旨在讓學生能有機會在自主學習和教導兩者平衡中，得到更深層次的學習。

蒙特梭利的小學課程是由強大的學術基礎開始，然後讓學生能在探索中綜合自己所學，透過該種學習方式，學生能夠將知識相互連繫，並且應用於不同的領域。除了課堂的學習，學生亦可根據興趣擴展至校外世界，從而讓學生對自己的學習負責，繼而獲得未來成功之匙。

地址：赤柱馬坑邨第三期
電話：2566 7196
級別：小學
主要教學語言：英語及國語
提供的學額：420（全校）
創辦年份：2002
2023/24小一學費：（港元）
$189,500（分10期）
課程：蒙特梭利

德瑞國際學校　German Swiss International School

德瑞國際學校（德瑞）是一所香港頂尖雙語國際學校，自1969年起提供由幼稚園至中學的一條龍教育服務。德瑞以推行獨特多元文化教學為傲，致力追求教育目標的同時，不間斷地改良和發展以配合二十一世紀學生的不同需要。

德瑞以卓越的學術成就而聞名，提供雙主流課程及全球認可的中學文憑。德語國際部（GIS）提供德國政府認證的德國中學國際考試文憑（DIA），相比其他學術資格更能突顯獨特的優勢。作為全港唯一授予該文憑課程的國際學校，學生均能精通雙語及歐洲最常用的語言之一。選擇於德國繼續升學的DIA畢業生將被視作德國教育公民，並由德國政府提供免費專大教育；英語國際部（EIS）則為學生作好準備應付英國國際普通中學教育文憑考試（IGCSE）及國際文憑大學預科課程（IB），以世界一流的成績取得認證。兩者均為學生創造無盡的機會，當中包括於世界各地的頂尖大學升學，如美國、加拿大、英國和歐洲。

地址：山頂僑福道11及22號
電話：2849 6216
級別：小學、中學及職業訓練中心
主要教學語言：德語及英語
提供的學額＊：849（全校）
創辦年份：1969
2023/24小一學費：（港元）$183,100（分2期）
課程：德國課程、英語課程 IB

柯士甸學校　Austin School

柯士甸學校（小學部）以英國課程為本，是一所註冊的劍橋國際學校和評估中心。學校將英國國家課程的元素與劍橋國際探究式學習課程結合，為一至六年級的學生提供主題式及跨課程的探究式學習教育，激發他們在學術、語言及人文領域的發展，為他們充滿機遇、認可和卓越的未來人生做好準備。除了核心科目外，學生還會參加音樂、藝術、體育、計算機、法語、西班牙語、全球視野課程。柯士甸學校以成為一所溫暖、友愛、充滿關懷、有創意的學校為目標，為學生打造國際化及多元化學習環境，讓他們能全面發展，培養國際視野，為將來出國升學做好準備。

地址：尖沙咀柯士甸道152號好兆年行
電話：2711 1168
級別：小學及中學
主要教學語言：英語
創辦年份：2022
2023/24小一學費：
小一$154,990，建校費$48,000（分11期）
課程：英國課程

賽馬會善樂學校　ESF Jockey Club Sarah Roe School

賽馬會善樂學校是英基學校協會屬下學校，為5至19歲有多種不同學習需要，包括有嚴重學習困難或自閉症的學生提供服務的專業資源中心。學校致力讓學生發揮潛能，並在情況許可時，透過融合課程讓學生重返小學或中學的主流課程。學校採用以兒童為中心的模式，為每位學童設計個別學生學習計劃，包括治療、識字、算數、溝通、獨立能力及行為目標。所有學生在離校時，都會擁有一份由Award Scheme Development and Accreditation Network (ASDAN)頒發的成就表及作品庫，該資歷能獲高等教育院校及各工商機構認可。

地址：何文田天光道2B號
電話：2761 9893
級別：ESF 小學及中學
主要教學語言：英語
提供的學額：70（全校）
創辦年份：1985
2023/24小一學費：（港元）$115,800-$140,700
課程：特殊課程

韓國國際學校 Korean International School Hong Kong

韓國國際學校設有英文部和韓國部，英文部以英語為主要的教學語言，並且以National Curriculum of England and Wales的課程為依歸，同時是獲得Cambridge International Examinations（CIE）所認可。

除了英語課程依從劍橋英語課程外，每個年級學生都需學習普通話。另外，學校實行線上作業、課程規劃和評核，而且學校提供多元化課外活動，並設課後英語或普通話支援課程。

至於一九八八年成立的韓國部，招收由初班至Grade 12的學生，課程是根據韓國教育部的課程，部分課堂如韓國語、數學、科學及社會研究均以韓語教授，其他課程則以英語授課，並且是以英語為母語的教師授課。此外，由Grade 1至Grade 11均會以普通話為第二學習外語。

地址：西灣河鯉景道55號
電話：2569 5500
級別：小學及中學
主要教學語言：英語
提供的學額：850
創辦年份：1994
2023/24小一學費：(港元)
$114,100（分3期）
課程：英國課程

地址：西灣河鯉景道55號
電話：2569 5500
級別：小學及中學
主要教學語言：韓語
提供的學額：306
創辦年份：1988
2023/24小一學費：(港元)
$78,100（分10期）
課程：韓國課程

宣道會劉平齋紀念國際學校 CAPCL Memorial Int'l School

該所國際學校是宣道會成立的第一所國際學校，多年來培育不少菁英學子。近年更將校園擴建，務求發展更良好的學習環境。學校以加拿大課程為主，但亦加入普通話課程，實行雙語制。除中文課程外，學生還會使用普通話學習數學，以訓練學生對英語及中文的讀、寫、聽能力。

地址：馬頭圍富寧街2號
電話：2713 3733
級別：小學
主要教學語言：英語及國語
提供學額：288
創辦年份：1992
2023/24小一學費：(港元)
$1310,610（分10期）
課程：加拿大課程

耀中國際學校 Yew Chung International School

耀中國際學校的小學部是一間國際小學，學生亦可於九龍塘多福道的中學部繼續一條龍的學習。

學校推行雙語課程，小學以英國課程為基礎，加上中國語文及文化的課程，而且在課堂上採中文教師和外國教師共同上課，讓學生得到全面的語文訓練。小學的課程包括英語、中文、中國文化、數學、科學、歷史、地理、藝術和設計。

學校亦十分注重學生品格的培養，鼓勵學生尊重所有人和不同的文化。每個月學校都會以不同的活動、角色扮演等活動，培養學生積極的性格，以面對日後的挑戰。

地址：九龍塘根德道3號
電話：2338 7106
級別：小學
主要教學語言：英語及國語
提供的學額*：1,018（全校）
創辦年份：1932
2023/24小一學費：(港元)
$251,420（分10期）
課程：英國課程